JN410223

淸浪 최광림 시인 팬-클럽 **詩苑** 작품집

시원의 뜨락에서 건져 올린

쪽빛 언어 한 조각

〈시원〉 시동인 사화집 · 1

북랜드

〈시원〉 시동인 사화집 · 1

시원의 뜨락에서 건져 올린 쪽빛 언어 한 조각

인쇄 —— 2006년 4월 10일
발행 —— 2006년 4월 15일

지은이 — 〈시원〉시문학회 동인
펴낸이 — 장호병
펴낸곳 — 북랜드
110-999 서울 종로구 신문로1가 오피시아 1406호
대표전화 (02) 732-4574 | (053) 252-9114
팩시밀리 (02) 734-4574 | (053) 252-9334

등록일 — 1999년 11월 11일
등록번호 — 제13-615호
홈페이지 — http : //www.bookland.co.kr
이-메일 — editor@bookland.co.kr

ISBN 89-7787-398-3 03810

값 8,000 원

시원의 뜨락에서 건져 올린

쪽빛 언어 한 조각

축사

쪽빛 언어 한 조각을 위하여 | 시원 촌장 최광림

서설 속에 피어난 푸른 달빛이
상큼하고 매혹스런 삼월의 밤입니다.
저 달빛 하나가
인동의 모진 세월을 견뎌내며
혹독한 산고의 진통 속에서
어줍잖은 시 한 토막 걸어놓기까지는
꼬박 삼 년을 필요로 했습니다.

숙성된 과즙의 진한 향기,
아니 일만 오천 여 <시원>인의 고운 심성이
미백의 내밀한 언어로 뿌리내리는
삶의 결정체라 이름하고 싶습니다.
그 아름다운 모반의 경이라 이름하고 싶습니다.

어쩌다 허전한 날
문풍지를 울리거나
대숲을 스쳐 가는 바람이
영혼의 울림에 감응하는 시의 음률임을
그대는 아십니까,

하지만 다만 시작일 뿐입니다.
풍요로운 시전詩田을 일구어
당신을 초대하는 그 날까지
그윽한 애정과 성원을 주십시오.
그대 곁에 한 송이 풀꽃으로 피어나겠습니다.

<시원> 문학회원 여러분,
'쪽빛 언어 한 조각'을 깁기 위해 노고 많았습니다.

2006년 3월
開雄山房 崔 光 林 識

PROLOGUE

내가 감히 시를 쓸 수 있을까?

"시란 무엇이며 시를 왜 써야 하는가?"라는 의구심을 갖게 되면서 시 자체를 그 누구보다 사랑했지만 시와 대면하기가 두려웠다.

온라인 문학의 저변확대와 그 수혜로 시를 통하여 삶을 노래하고, 때로는 마음을 다스리며 보다 나은 삶을 향유하게 되었다. 기성시인들의 좋은 시들이 세상을 정화시키고 정신문화를 이끌어 가는 고도의 예술적 장치라는 점에 부러움과 존경심을 감출 수 없다.

"내가 감히 시를 쓸 수 있을까?"

누구에겐가 내보이기에는 조심스럽고 부끄러운 마음에 몇 글자 흘려가며 혼자만의 비밀스러움으로 간직해왔지만 시원 가족들과의 만남과 최광림 선생님의 지도로 마침내 여기까지 왔다.

이제 세상을 향한 시의 씨알이 파종되었기에 마음 밭은 언제나 설렘으로 가득 차 오른다. 시를 통하여 잃어버린 자아를 찾아가면서 타오르는 혼 불을 끝없이 쏟아내지 않으면 내 안의 또 다른 나와 타협할 수 없어 살아있는 동안 쉬지 않는 사투는 지속될 수밖에 없다.

젖어든 봄비가 연초록의 잎새를 어루만지듯 이제 막 새순으로 솟아오른 이번 문집 발간이 서로에게 빛이 되고 시를 사랑하는 사람들의 시심을 돋우는 계기가 될 수 있기를 간절히 소망해 본다.

시원 가족들의 삶의 애환이 깃든 영혼의 노래가 최광림 선생님과 지도 시인님들의 각별한 노고로 빛을 보게 되었다. 투고된 옥고를 엄선해서 갈무리 한 수고로움에 고마운 마음 하나 제대로 표현하지 못했지만 이 풍요로운 결실에 행복한 웃음을 지을 수 있길 바랄 뿐이다.

선생님, 또 문집발간을 위해 애쓰신 많은 분들 감사합니다.

〔시원〕문학회

회장 김창섭/수석부회장 권덕운/총무 김희순

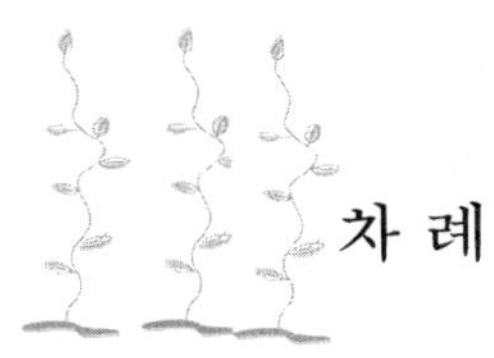

차 례

● 제2부 ● 사랑의 샘물

● 제3부 ● 하얀 사랑

● 제4부 ● 시와의 만남

● 제5부 ● 들풀의 강 같은 그대

● 제6부 ● 상처

제7부 산 104번지

제 1 부

삼월의 설국

〈초대시〉

3월의 설국(雪國)

최광림 — 시원 촌장

결국 그녀는 오지 않았다

때늦은 폭설에
두 다리가 잘린 서울행 기차

마침내 좌절한 땅에서
비로소 음모의 싹은 서릿발로 돋아나고
아무도 눈꽃의 반란을 탓하지 않았다

정지된 초침에
마른기침 한 소절 숙성된 포자처럼 번지면
파열된 모세혈관으로
급기야 신열이 솟고
잘 익은 그리움이 암세포로 전이한다

하지만
아직도 그녀는 부재 중

차창 밖
눈 쌓인 풍경처럼
창백한 얼굴을 하얗게 분칠한 그대는 너무 멀리 있고
나는 조막손 흔들며

차디찬 설국에 초라한 분신을 묻어야 한다

신의 저주나
계절의 반란이 죄다 무슨 소용이랴

짓밟힌 세월의 시계 밖에서
눈비비고 기상하는 풀 씨 하나를 본다
그 속살의 속내를 포란 하듯 껴안는다

사랑이란 이름의.

어머니

장춘득 — 자문위원

천륜에 이어진 끈
살 속으로 품어 안고

눈보라 모진 폭풍
살신으로 막아낸 삶

유년의
자락 건너서
불러보는 어머니.

상 기둥 나무그루
엇가지
쳐낸 자리

멍든 아픔 안쓰러워
눈물 적신 당신의 사랑

육십령
능선에 서서
되삭이는 사모곡.

고향 생각

황춘자 __ 자문위원

감나무 한 쌍 정답던 고향 뜰
소쩍새 울음 따라 새벽이 열리면
눈꽃처럼 내려앉은 감 꽃 주워다가
올망졸망 색실로 엮어
어린 딸이 말아 올린 정표
어머님 고운 목에 걸어드렸지

행여 당신 속 눈물
초승달로 뜨지 않았을까,

지금도 가슴 가득 그리움의 물이 든
내 어릴 적 감 꽃 목걸이

밤나무 삼 형제 의좋던 텃밭
알밤 찾던 다람쥐꼬리 위로
불길처럼 여명이 번지고
부추 베고,
가지, 고추 따 담아오며
이랑마다 토해 냈을 통곡 같은 한을
다섯 살 딸아이는 미처 알지 못했다

물소리, 새소리가

아침을 장만하던 아름다운 내 고향
학처럼 살다 가신 어머님

올해는 감 꽃이
손자녀석 얼굴처럼
뽀얀 햇살 같습니다.

열매가 맺는 자리

이옥분 — 지도시인

찬비가 산기山氣로 오는
가을 산 무릎 밑엔
아픔만큼 수액만
끈끈하게 돌아가고
기약은
수로부인의
치맛자락 같은 것을.

한나절 빼꾸기가
먹 빼꾸기 울음소리가
골 물에 말리다가
뿌리 곁을 적시다가
그 아픔 달덩이처럼
가지 끝에 매달렸다.

환한 빛으로 오라
축복으로 가득하라
꽃말이 드나드는
호젓한 이 길목에
제 몫을 다한 나무는
그 무게로 서 있다.

봄날을 유린하다

이미숙 __ 지도시인

무서운 음모가 도사리고 있었다

저 황해를 건너
고비의 모래바람
또다시 우리의 봄날을 유린하고 있다
신흥문명의 먼지
되놈들의 인해전술처럼 밀려와
우리는
우리의 아름다운 봄날을 만날 수 없다
어떻게 잊을 수 있으랴!
따발총 난사하며
백의의 옷자락을 붉게 적시던
그 날의 미친 망령亡靈들 되살아난다
우리는 지금
대륙의 오염지대를 가고 있다
무서운 맹독猛毒속에 알몸 드러내 놓고
그러나
까맣게 먼지 뒤집어 쓴 들꽃들
천진스레 웃고 있다

꽃 등불
환히 밝히며
세상 속으로, 세상 속으로.

눈

— 노숙자

김명희 __ 지도시인

제 자리를 차용 당하고
깃들일 마음 내키지 않아
허공을 떠도는 물방울

숨 멎게 하는 시간들이
심장을 가혹하게 펌프질하여
마침내 세포들이
펵! 펵! 펵!
말초신경까지 일제히 궐기한다

오, 둥글게 말았던 굴욕들
여섯 개의 서슬 푸른 칼날을 세워
겁 없이 지상으로 추락한다

현란한 도시의 불빛 속을 배회하다
자본주의의 씨앗들에 어깨 부딪히는 소리
텅 빈 머리의 울림- 아득한 현기증

무릎과 무릎 사이
파리한 몰골을 경멸하듯 쑤셔 넣는다
쿵! 쿵! 쿵!

궐기한다, 심장 뛰는 소리
팔과 다리도 없이
영혼도 버리고 살았다는 걸 깨달았을 때
꼭꼭 숨었다 불쑥 나타나는 그리움
한 가닥.

— 자식의 행방을 찾던/ 등 굽은 어머니의/ 한 숨 섞인 눈길이
타는 목구멍을 훑어 내리고/ 주눅이 든 위를 경멸하며 / 허기진 창자에 달빛으로 꽂힌다

왈칵, 솟구치는 눈물
짓무른 삶의 흔적들을
말갛게 헹구어가며 다시 일어서는 겨울 밤.

정류장

권덕운 — 시인

햇살이 안경을 관통하고
정류장에 앉았다
열다섯 소년의 찡그린 시선
기다림의 너울 속 아침이
바람개비로 팔랑거린다

푸른 희망이 지나간다
붉은 분노가 꼭지점에서 교차한다
흐릿한 체념이 몰려오자
불규칙한 맥박에 헐떡거리는 버스
희미한 차선에 몸뚱이를 부려놓는다

담담한 한 폭의 수묵화로
너를 보내고 맞이했다

엇갈린 춤사위
멈출 수 없는 꿈 탓에
여민 입술 지그시 깨물며
신기루 같은 희망을 기다리는 사람들
비 개인 날의 아름다운 풍경이다.

유월

김은영 — 시인

계절은 상실의 기억 저편에서
제 스스로 몸을 태워
길가 작은 웅덩이에
zip 파일로 압축된 여름을 물질하여
해풍에 풀어놓는다

붉은 장미꽃잎이
때 이른 여름비에 두들겨 맞아
객사하고 있을 때도 미동微動조차 않더니
하늘거리는 나비 더듬이에
사알짝
초록 여름 묻힐 준비했나 보다

숨쉴 적마다
성급히 풀린 파일 하나
구멍 뚫린 폐 속에 바람으로 그물 친다
마침내
수액樹液으로 번지듯
콧구멍을 뚫고 나온 작은 여름 한 조각
풍선처럼 날아올라 어정거리다
화끈 달아오른 얼굴로
싱겁게 늦은 봄 나무란다.

초여름 밤의 꿈

김희순 — 시인

회음誨淫을 도모하던
눈썹 달이 고개를 쳐든 새벽녘

갈대 숲을 헤치고
네게로 달려가
꼿꼿하게 발기한 꿈들을 보았다

시속 200km
속도무제한의
아찔한 공황장애증

이 밤이 너무 짧다

낡은
종점 표지판이
생경한 그림자가 되어
뚜벅뚜벅
혼잣말로 걸어온다

그래
눈부신 불륜이다.

*토지

— 라이브 카페에서

김명이 — 시인

기억 저편 필름을 현상하듯
감미로운 음악이 흐르고 있다

숲 속 라이브 카페
운치 있는 찻집 벤치에 기대앉아
진한 솔잎 차 향에 취할 때

밤하늘 별 들 정답게 속삭이고
나뭇가지에 걸린 애처로운 초승달
뼛속까지 파고드는 그리움이
돌개바람처럼
온통 마음을 휘저어 놓는다

내 다정했던 벗 그리워라,
저 달빛 속에 등 굽은 네 모습 있어
애끓는 눈빛으로 너를 들여다본다

음악이 흐르는 통나무 찻집
우거진 숲길을 거닐면
다정했던 네 목소리
잔잔한 선율로 부서져 내린다

마치
이른 봄날 아지랭이 피어오르듯.

* 토지 : 마산시 진전면 오서리 터널 입구 카페이름

어머니

박동숙 — 시인

옥보다 고운 자태
명주실로 곱게 엮어
환한 보름달로
칠 년을 피워놓으시더니

밤새
고요히 피어오른
하아얀 박꽃이 이슬에 젖어
청승맞게도
몸부림치게 하던 날

어머닌
홀연히
신神을 밟고 계셨을까,

분신 같다던
박꽃처럼 환한 얼굴엔
조각배 띄워놓으시고

애잔하면서도
투명하게 빛나던 눈빛은
한을 사뤄

영혼으로 빛난다

호 불면 쓰러질 듯한
청정淸淨으로 잉태한
색깔 없는 일곱 살
단아한 얼굴

"어! 우리 엄만 눈을 뜨고 잠을 자네."

백목련 필 즈음

고봉선 __ 시인

명필로 세상에다 휘갈겨
드러내고 싶은 간절한 소망이 있어,
신이 건네 준 붓끝은
봄바람에 사르르
순백의 향기를 홍건하게 적셨다

힘찬 필력으로
한 획 한 획
따스한 햇살 위에
땀방울로 써 내려간 메시지
허공에다 곱디고운 꽃 피우면
새 한 마리 날아들어
아름다운 계절을 노래하고

목마를 탄 아이,
사랑에 빠진 연인
사색을 그리는 문학소녀 불러 앉혀
연분홍 빛 꿈을 분양한다

세상을 가득 메운 향긋한 내음
목련꽃 그늘 아래 카메라를 둘러멘
헌걸찬 시골 아낙 함박웃음도
한폭의 멋드러진 동양화가 된다.

열정

김창섭 — 시인

절정을 이루는 화기
그것은 곧 내 맘 같은 열정

하늘과 땅은 눈부시고
뜨거운 정체를 노래하네

이제 불타는 한낮의 여름도
서서히 저물어 간다

새로운 새 생명과의 의미
신생의 아침을 위한 준비다

여름은 여름 속에서 살고
가을은 가을 속에서 살자

과거는 기억으로 남기고
잡을 수 있는 앞날을 만나자

끊임없이 되풀이되는 잘못들
그 속에 사랑을 향한 그가 있었다

불러도 돌아볼 수 없는 그림자
어느 날은 꿈으로도 오고가는.

연꽃 피고 지는 못, 연-밥들의 성화

최숙희 __ 시인

색색 옷, 분주한 자연의 속살거림
환쟁이 엷은 손길 짙은 속마음 따라
여무는 계절의 성찬, 그 소리 하도 고와
시안詩眼에 담아보려고 청진기 대보았지

이별 닦던 옷고름 앙 다문 입술에 물고
하늘 오르는 선녀의 젖은 치맛자락
그을린 두 가슴 분탕질로 헝클어진 물빛에
굵은 눈물인 듯 내려선 아픈 꽃봉오리

찌지 직, 울먹이는 잡음
나만의 생경한 지병인지도 몰라,

애끓는 선혈 하얗게 문지르던
흔적인 채 선명하게 저무는 꽃잎
지는 것의 아쉬움 따위
도무지 갖지 않으려는 듯
염세 아닌 초월로 슬퍼 뵐 까닭 없는
꽃 지고 청정한 길고 긴 대롱 끝에
쫑긋, 귀를 세운 청진기들

퍼렁던 멍울 갈 빛 얻은 이야기

시를 빚겠다는 아우성
이내 사연 들추며 맞장구치는 바람에
둘레둘레 주파수를 맞추는데

잊어버렸나, 지워버렸나
은밀한 어제 뒷짐으로 걸머지고
웅크린 곱사등이 숨바꼭질 너머로
하얀 깃발처럼 펄럭이는 머리카락
행여 죄 많은 심장 들킬까
숨 들이켜 딱 잡아떼고만 싶었던,

그러나 너무도 또렷한 유죄들
술렁이는 소리
확성기를 통해 퍼져 흐르고
술래서는 잠자리 날개에 걸터앉아
저 멀리 메아리로 또 흩어져 가고.

바람이야

장선주 __ 시인

내겐
가슴속 깊이 새겨진 비밀 하나 있다

언제부터인가
별도 달도 찾아주지 않는
창살 없는 감옥에서
생을 경멸하듯 무의미한 일상에
태엽 풀린 시계추처럼
그렇게 시간만 허비했을 뿐이다

그대와 나의 거리는
깜박이는 유성의 촉광 만한 것인가
채 아물지 않은 설움
깊은 밤 신열 앓듯
열꽃 피어 사경을 헤매고
바람이 야유하듯 야금야금 나를 갉아먹었다

입지고 꽃피는 줄 알았는데
맨몸으로 떨고 있는 입진 가지 끝에
식지 않은 온기마저
회오리로 훑어버리고
살을 에이듯

불타다 남은 흔적 옥죄어가며
시린 가슴 아로새겨 한 점 운무로 걸어두었다

그래
이건 바람이야
바람은 그저 바람일 뿐이야.

자귀나무 사랑

김미월 — 시인

밤마다
껴안고 있어
야합수夜合樹라 했을까

정답게
산다 하여
유정수有情樹라 했을까

너와 나
하나 되는 꿈
합혼수合婚樹로 꽃피운다.

베갯잇에
스며있는
꽃 내음 향그럽고

꽃술로
뽐내는 자태
벌 나비 불러모아

늦가을
꼬투리 그 속에서
사랑 열매 영근다.

강물 속 달의 잠

강애나 __ 시인

어두운 강가 보름달 홀로 나와
고요한 정적을 즐기다
물 속을 유영하며 고운 빛으로 흐르고 있다

은물결 스치는 하얀 달의 춤사위
바람에 나부끼는 별들이 우수수 떨어진다
한 무리 별똥들의 기막힌 곡예
덩달아 신이 난 나뭇잎
하늘 향해 손 흔들며
구름 속에 살짝 숨은 달 가려주네

계수나무 그늘에 살포시 앉은 님
잡히지 않을 고운 빛

누가 저토록 밤마다 그리워했을까,
불이 꺼진 한 밤중에도
나그네 길 밝혀줄까,
새벽녘 여명으로
서러움 붉게 사르고
가지사이 슬픈 눈물 이슬방울로 맺힌다.

화진포에서

정다혜 __ 시인

결 고운 모시적삼 물에 헹구어
깨알같은 글씨로
시를 쓰는 아침
모래는
여백 가득한 원고지가 된다

집어등 출렁이는 어깨 너머로
침묵으로 흐르는 섬
바다처럼 넉넉한 당신
따뜻한 손잡고 가슴 맞대며
그냥 그렇게
한 사나흘 묵묵히 동행하고 싶다

당신과 함께 걸어가는
인생 여정
비록 그 길이 멀고 험할지라도
한줌 꽃씨 되어
그대 가슴에
여명의 안개꽃으로 피어나고 싶다

하얀 이빨을 드러내며
밤새 울어대던 파도는

몸살로 드러눕고
명주실 한 올 한 올
방패연에 말아 올린 듯
고운 실비 나즉히 내려앉는 화진포.

수채화를 그리다

— 무인도

류시경 __ 시인

이것이 그 섬입니다
지도에도 없는 거칠고 외딴 돌 섬입니다
먼 데서 몸 굴리며 파도가 다가와
펄떡거리는 바다이야기 백사장에 올려놓고
변치 않을 정표 소라껍데기 하나
모래 위에 오롯이 남겨둡니다
오래지 않아 이것은 잘게 부서지고
그만큼 키가 클 하얀 조개 무덤
처음 받아본 사랑 마냥 애태우며 간직합니다
삼각 돛을 단 아라비아의 범선이
홀연히 수평에 나타나 해를 따라 멀어지고
바위를 타며 유희하던 바람 한 떼
젖은 머리를 흔들며 그 뒤를 좇아
돌아오지 않을 길을 떠나갑니다
*스칼렛 레드와 *앨리자린 크림슨을 섞어
축축하게 물 적셔 붓질해 주면
이 공백으로 빠알갛게 석양이 집니다
깊은 속을 돌고 돌은 뜨거움 흠뻑 흘려
투명하게 묶어 본 하루의 아름다움
함께 느껴줄 별을 기다리는

이것이 그 무인도입니다.

* 스칼렛 레드: 주홍빛 띤 빨강색상
* 앨리자린 크림슨: 자줏빛 띤 빨강색상

밤

김경희 — 시인

꾸밈도 치장도 없이
벌거벗겨진 모습으로
그대 앞에 서 있다

그래 왔듯이
가버린 시간 속에 나를 돌려세우고
잠잠하란 소리도 없이
가슴속 아우성을 홀로 받는다

뿌옇게 삭아지는 밤

그 밤을 통과하는 희멀건 여과지처럼
보이지 않는 세계를
심연 깊숙이 가라앉히고
슬픈 잔치를 열어간다

새벽이 오는 소리도
한낮이 가는 소리도
자지러질 듯 묻혀져 가는 저녁시간도

오래 전 묻어 두었던 책갈피의 단풍잎처럼

누렇게 퇴색되어 갈 잡히지 않는 불면의 시간을 남긴 채

점점 돌아 올 또 다른 새벽에 구걸하듯 나를 내어주고
여기 우두커니 서 있다.

망초忘艸

정정숙 — 시인

자신의 이름도 모른 체
들꽃처럼 살다가는 것을

화려하지 않아도
지나는 이의 눈길을 받으며
이름도 없이 살다가는
그대와 나 다를 바가 무에 있나

화려한 꽃도
이름 없는 풀꽃도
어느 순간 홀연히 사라져버리는 것을

너도 나도
때론 등을 돌려 돌아누워도
자연의 변하지 않는 순리처럼
시간이 흘러가면
돌고 도는 인생인 것을
그 의미를 헤아리게 될 것을

무얼 그리 연연해하나
한 순간
오늘 빛 되어 남으면 그 뿐
들꽃이 진 그 자리에
또 다른 망초는 피어나는 것을.

제 2 부

사랑의 샘물

사랑의 샘물

강가을 — 가을, 여, 서울

마른 마음 슬픔에 잠길 때
새소리 물소리 따라
발길 가는 곳 어디인지 몰라도
가다가다
목말라 헉헉거릴 때

맑은 물 한 모금 입에 넣으면
내 마음 맑은 마음 되어
산란했던 모든 것 사라지고

평화로운 마음 되어
마음속에 사랑의 샘이 솟아오릅니다
조롱바가지로 사랑의 샘물을
퍼내고 퍼내도
마르지 않았으면

그리고
넓은 마음으로 세상고뇌 다 잊고
가버린 내 사랑에도
다시 찾아올 내 사랑에도
마르지 않는 사랑의 샘이 되어
영원히 퍼 주리라.

하염없이 비는 내리는데

강두철 — 강두철, 남, 경기 안양

비 내리는 오후 우산을 받쳐들고
다리 한가운데에서
물끄러미 개여울을 보았습니다

흐르는 물소리에 취해
마냥 귀 기울여 봅니다

그대가 들려주던 흐르는 듯한
그 목소리 같았어요

그대의 얼굴이 그려져서
뛰어 내릴 것만 같은 충동에
머뭇거려 봅니다

혹여 그대 소식 올까 봐
하염없이 내리는 빗줄기에
우산 밖으로 손 내밀어봅니다.

섬진강에 내리던 꽃비

강진 — 만당, 여, 부산

운무에 휘감긴 강 자락에
빛바랜 기억처럼
새벽의 노래는 멀어져가고
하얀 꽃비가 쏟아지던 날
카메라 렌즈에 갇힌
팔순 아버지의 고독한 눈물을 보았다

벚꽃은 시드는 것이 아니라
활짝 웃으며 떨어진다고
애써 희미한 웃음 날리시는 당신은
앙상한 가지 마냥 서럽게 흔들리는데
흔적으로 남겨질 나는
두고두고 그리워해야 할
그저 무거운 눈길만 속절없이 주워 담고,

부초가 되어 살아온 삶
쉬임 없이 흘러와
이제 바다를 향해 미소짓는 강은
바라볼수록 더욱 아득하기만 한데
차마 떨어지지 않는 발걸음
아픔으로 각인하며
눈길 접는 섬진강의 아침

수숫대처럼 흔들리는 당신 모습이,
아니 물살 거스르는 바람의 몸짓이
저물녘 붉은 노을로 가슴에 와 박힌다.

사랑이 깊어질수록

김은희 __ 한송이, 여, 서울

푸르름이 짙은 여름
푸른 잎새들을 바라보고 있노라면

어느새 회색 빛 도시를
망각하고 눈이 맑아옴을 느낀다

강 너머 녹음 짙은
푸른 산에 걸린 강물은 하늘빛과
산 빛을 닮아 시원함을 안겨주고

설익은 과일의 새콤함과
달콤한 기운이 입안 가득 번지면
온몸을 전율케 하고
새콤한 맛을 못 잊게 한다

어둠이 찾아든 밤
생각은 잠들지 못한 채
구르는 눈동자 위로 스쳐 지나가고

마음은 빠른
시간 속을 달음박질쳐 가려하지만
기다림의 시간은 정지된 어둠 속에
갇혀버린 또 하나의 마음이 되고 만다.

무제無題

김을자 — 김을자, 여, 전남 신안

사는 게 별거 아니란 걸 알고부터
내 마음의 불륜은 시작되었지
그대를 향한 질주는
쳇바퀴 돌 듯
오늘도 계속되고
지칠 만큼 허기가 찾아와도
눈빛은 광채로 빛나고 있다

내 젊은 날의 등피燈皮
호호 입김을 불어 닦아내고 닦아내도
그저 반짝일 뿐
어둠은 그대로인데
밤이면
마음은 풍선처럼 커져만 가고
소낙비 우는 소리에
내 작은 영혼의 짐을 가만히 벗어
삐걱이는 옷장 안에 가둔다

내 마음의 편린을 읽은 적 있는가
나는
그대의 들판을 숨차게 달리다
쓰러지는 그 자리에서

영원히 일어나고 싶지 않아

사는 게 정말 별거 아니란 걸 알고부터
내 불륜의 끈은
끊어질 듯
또는 전율하듯
이어지고 나는 또다시 허기에 지쳐간다.

물망초의 눈물

김필순 — 두 아름, 여, 울산

이른 아침
이슬이 깨어나듯 맑은 두 볼

햇살 한줄기 비춰들면

네 얼굴
한 방울 맺힌 눈물은
무지개 뜨는 강

가만
가만
흔들리는 물망초
아름 꺾어 엮은 연보라 빛 화환

낙조 내리는 하늘가
네 머리 위에 풀어놓으면
열일곱 살 강물로 여울지는 눈물

놓아 둘
징검다리 하나 없다
강 저편 긴 그림자 내리는 산

다만
바람으로 흔들리는
물망초

그리고
눈물.

너에게

박명숙 — 피코, 여, 경남 경주

두어 평 남짓한 방에
지치도록 달려온 하루를 눕히고
눈을 감으면서
너는 무슨 생각하는가

희망이라는 이름으로
수도 없이 부려 보았던 욕심들
물 위에 먼지로 띄워 보내고
이제 잠을 청해야겠지

서럽게 울어대는 풀벌레 소리
새삼 눈물이 흘러도
지난 것들
묵은 것들
다 버리고

아침이 되어
새로이 만날 새 인연을 상상하면서
머릴 맑게 비워야겠지

그러나
낮에도 빛나던 네 감성은
밤에도 잠들지 못하고
저 하늘 속 멀리
꿈꾸던 그곳으로 여행하겠지.

커피

박세문 — 석천, 남, 부산 동래

손때 묻은 찻잔은
나를 덜 외롭게 하고
어깨 너머로 지는 황혼의 노을에
가끔은 눈시울을 적시기도 하지

난
음률에 몸을 싣고
커피에 몸을 담그고
추억에 젖어 눈을 감는다

시간의 공간 속을 오가며
늘 헤매기도 하고
늘 찾아다니기도 하고
늘 지치기도 하고
늘 희열에 차기도 하지

그래서
또 하루가 가고
나 또한 뜨거운 열기 속에
널 껴안고 늘 젖어 사는 것이다
매 시간마다 달라지는 감정 속에서.

내가 당신이었더라도

안용민 — 침향, 남, 충북 청주

내가 만약 당신이라면
떠나는 님
보내지 않았을 것이고
빛바랜 인연고리 잡고
썰물 지난 자리
공허히 서 있진 않았을 것을

피보다 더 붉은
돌아오지 않을 님 향한 열정
차가운 얼음장 밑으로
떠내려 보내
기억의 심지 내릴 수 있을 텐데

그리움 지우는 화장으로
곱게 단장하고
먼 하늘 올려다보며
흘리던 푸른 눈물
허공에 흩뿌리며
웃음 지을 수 있었을 텐데

그러나
내가 만약 당신이. 었. 더. 라. 도

방향을 잃어버린 백치白痴처럼
시퍼런 물안개 울음을 삼키며
하염없는 나락으로
떨어졌으리라.

사랑의 은빛 모래성

안정자 __ 바다향기, 여

창가에
흘러내리는
아침 이슬방울을 보며
살며시 눈을 뜹니다

하얀 포말로
밀려오는
아름다운 은빛 파도소리는
사랑하는 연인입니다

에메랄드빛
초록 바다에
비춰지는 나의 모습은
홍조 띤 수줍음으로
님에게 사랑을 애원해 봅니다

물안개 꽃송이
모아모아
은빛 모래밭에
당신의 모습
나의 모습 닮은
아름다운 사랑의
모래성을 쌓아보렵니다

당신과 나 사랑의 모래성을.

사랑하고 싶어라

윤석배 __ 행복, 남

한여름의 더위 속에
그대 모습 아름아름 안고
아름답게 사랑하고 싶어라

어제도
먼 과거에도
아니 현재에도
다가올 먼 미래에도
그대 마음속에 담고파라

기다리고
사랑하며
내 행복 주워 담아
영원한 행복을 맞으려니
내 사랑 너무 탓하지 마십시오

바보 같이 사랑하며
고이 간직하는 즐거움이
내게는 행복으로 돌아오니
외로운 날갯짓하며 그대 향한
나의 마음으로 사랑하고 싶소이다

그대 위한 사랑으로
나의 모든 것 다 버리고
영원히 사랑하면서 살고파라.

그대이기에

임용숙 — 은빛호수, 여, 서울

간밤에 함께 하였던
그 길이 꿈결이라 아쉬움만 가득하다

기다림에 한이 되어
꿈결에조차
내 숨을 멎게 하셨나요

그대를 그리워하는 것도
죄라 일컫지 말아주세요
그대이기에
삶에 터진 상처 핥게 하고
아픈 가슴
더욱더 미어지고

내리쬐는 봄 햇살이
조롱하는 듯 웃어도
그대이기에
나는 외면할 수 있어

뜻 모를 이
내게 하나 있어
그대이기에

나는 더 숙연해지는 맘으로
다가서고 싶다

별빛이 초롱초롱한다 해도
내게 무슨 의미 있으리
그대이기에
붙박이장 같은 나를 일깨워
나는 오늘밤
그대의 잔에 취하고 싶다.

그대가 나에게 준 것은

장춘석 — 무명초, 남, 서울

그대가 나에게 준 것은 그리움이 아니라
살아가는 충동이었나 봅니다
사랑하는 사람을 만나면
가슴을 죄이는 슬픔을 느끼고
물을 마실 때면
목이 메이는 눈물을 느끼고
가녀린 손가락을 볼 때면
당신의 얼굴이 떠오르고

벚꽃이 떨어질 때면
설레임이 파도처럼 밀려드는
그런 모습들이었나 봅니다

그대가 나에게 준 것은 아픔이 아니라
이별하는 연습인 모양입니다
사랑하는 이들을 보내며
그리워할 추억을 느끼고
굵은 빗줄기를 온 가슴으로 맞으면서
아침의 햇살을 떠올리고
언제나 함께 있으면서도
떠나보냄에 익숙해 있고
가지 못할 것에 슬퍼하지 않고

오히려 행복해하는
그런 모습들이었나 봅니다.

하얀 목련

정은숙 — 맑은샘, 여, 경기 안양

내 생의 순수 계절
어김없이 피어나는
아름다운 합창

꿈마다 피어나서
하늘 한 귀퉁이
가득 채워오는
영혼의 긴 편지

오욕의 세월 버리고
봄 순처럼 새롭게 태어나리라
다짐했었건만
늘
헛디뎌 버리는 시간

올해는 기어이
꽃잎 한 장은 보내지 않으리
곱게 피워 가슴에 안으리

밤새 봄비로 비워낸 자리
환한 등불로 내려오는 꽃무더기

아이보리 고운 영혼으로
피어나는 뜻은
눈부시기만 하다.

물 위에 떠오르는 사랑

조재식 __ whgnsghks, 남, 제주도

물처럼 총총한 당신
당신이 있기에 나는 매일 매일
행복한 나날들을 보내고 있습니다

어쩌면 먼 훗날에 당신을 볼 수 있을 것 같아
당신을 그리워하며
사랑을 준비하고 있습니다

가끔씩 나의 마음을 다스리지 못해
당신에게 가고 싶은 충동으로
내 마음을 채찍질하곤 합니다

아무리 당신이 내 곁에서 멀리 있다 해도
당신은 내 마음속에 있습니다
사랑한다는 말을 하고 싶습니다

나의 사랑이 고통이 따른다면
그 고통을 내 영혼으로 감싸주겠습니다
당신이 아파하지 않도록

당신을 위해 사랑을 준비하고 있습니다
이제는 눈을 감아도 당신 모습이 보입니다
못다한 사랑을 당신을 위해 준비하겠습니다.

이런 사람이 되고 싶습니다

최흥옥 — 최흥옥, 여

설레는 마음과 어여쁜 기다림으로
코발트색 님의 하늘을 바라봅니다

늘 푸르른 마음으로 나무가 되어
님의 안식처가 되어주고 싶습니다

넓은 가슴과 깊은 마음의 바다가 되어
님의 휴식처가 되어주고 싶습니다

언제나 듬직하고 믿음직한 산이 되어
님의 등이 되어주고 싶습니다

영롱한 아침 햇살을 머금은 이슬이 되어
님의 화사한 미소가 되어주고 싶습니다

힘들고 지친 님에게 희망을 주는
사랑의 징검다리가 되어주고 싶습니다.

고개 숙인 그대

황용미 — 이쁜글, 여, 경기 안양

무슨 생각을 하고 있는 걸까
엄숙한 모습으로 고개 숙인 그 모습은
지난 일을 회상하며
기쁨의 순간들을 떠올리고 있는 걸까
이루지 못한 바람들을
환상의 공간에 불어넣고 있는 걸까

좁은 시야만으로 만족해 버리고 말았던
그래서 후회란 단어만으로 기억된
미운 시간들을 기억하고 있는 걸까
자아의 성을 지키기 위해
쉽사리 마음 문 열지 않았던

허망한 시간을 기억하고 있는 것일까
젊음이란 단어만으로
얼마든 그 많은 꿈 이룰 수 있으리라
포부와 기대를 가졌던 그 시절을 회상하며
미소나 지어야 하는 많지 않은 시간이
내겐 주어져 있는 것뿐일까

비전과 꿈을 갖는다는 것
반을 넘어 살았을지 모를 내게

적절한 표현일까

그렇지만
아
살아온 세월의 연륜 속에 뭉쳐진
사랑의 꽃이 있구나
그 꽃피우고 희망 주는 고운
기쁨의 씨앗을 남겨야겠구나.

고운 당신

허귀분 — 빛고을, 여, 경남 창원

오래 살지 않은 삶이지만
뒤돌아보니 회한의 길
봉착했던 나날들
내 마음 토닥거리며
일깨워 준 고운 당신

나를 의지하고 있는
당신 가여워
보듬고 싶어서
꿈속에서도
당신 위해 바로 서려합니다

속상한 일 많아도
행복했던 세월
언제나 한결 같은
당신이 있기에
모든 근심 걷어내고 살아가렵니다

아무리 세상이 각박할 지라도
고운 당신이 있기에
밀물처럼
쌓인 어려움 씻어내고
오뚝이처럼 일어서렵니다.

제 3 부

하얀 사랑

하얀 사랑

길미경 — 하얀둥지, 여, 경북 칠곡

유월에는
그대 가슴속에
한 송이 장미꽃으로 피어나고 싶습니다

네 가시에 물린
선혈 그은 입술 너의 꿈에 주리라
유월의 붉은 석양의 울음처럼
넌 내 안에 그리움의 불꽃이기에
난 널 사랑한다 말해 주십시오

허리춤 속에 숨겨둔 헤아릴 수 없는
사랑의 절규가 가슴을 짓이길 때
당신은 제게 사랑하는 법을 가르치셨습니다
용서하는 법 또한 당신에게서 배웠습니다

사랑의 홀로서기를 가르쳐 주신 당신
내 허물을 태워 주신 당신
당신은 나의 등대입니다
당신은 나의 어린 왕자입니다

내 유리벽 창안에 바람꽃으로 피어난 당신
당신은 머물지 않는 바람이기에

내 가난한 가슴으론
잡을 수 없고 꺾을 수 없는 순리이기에
오월의 아카시아 초롱향처럼
유월의 붉은 장미 혈투처럼
칠월의 코스모스 여린 순수로

그냥 그렇게 당신 가슴에 영원의 향으로
꽃잎지지 않는 한 사랑으로 새겨지려 합니다
당신은 내 마음의 마지막 고향입니다
당신을 사랑합니다.

국화꽃 향기처럼

김경숙 — 혜원, 여, 경기 부천

노란 개나리 잎새 겹겹
그리움 담아둔 봄날부터
볕 좋은 내 창가 시렁 위에
그댈 보듯
걸어 놓았지

쉬지 않고 흘러가는
계절은 과일처럼 익어가고
시렁마다 쌓이는 고운 세월에
먼지처럼 또아리 진 고단한 세파

햇살 한 줌 끌어다가
풀 먹여 빨랫줄에 걸어놓고
지나가는 바람으로 살며시 헹구면
가을비 추적추적 내려 쌓여
말갛게 새 단장한
윤회의 세월들을 적신다

빛 고운 세월하나 꺼내어
웃어도 보고
빛바랜 추억하나 꺼내어
울어도 볼까,

회억의 고샅길을 휘감아 돌며
나 이제
오롯한 그리움 한 송이
은은하고 그윽한 국화꽃 참한 향기로
그대에게 가련다

내 고운 사람아.

채송화

김선의 __ 여, 경북 구미

언제나 그 자리
화단 모퉁이에서
태양의 정열로 곱디고운 분칠하고
무심한 내 발목을 붙들었던
키 작은 녀석

반짝이는 잎새에
처녀의 순수 그려 놓고
영롱한 빛을 만들어 내는
작은 네 녀석은
분명 내 첫사랑의 정표였어라

작다고 서러워하지도
짓밟힌다고 퇴색하지도 않는
네 깊은 속내는
서러움에 사무쳤던 내 삶에
분명 희망과 꿈의 푯대였어라

내 아픔 불사르고
내 슬픔까지 불살라
가녀린 네 꽃잎 하나하나에
꽃물 들여 펼쳐 놓고
휘파람 휘휘 불며 정처 없는 나그네길을 간다.

낮달

김순진 — 개똥참외, 남, 서울 은평

그녀의 집 주위를 맴돌다
넋 나간 얼굴로
실없이 웃는다

부수수한 머리로
얼빠진 녀석이 되어
스토커처럼 따라 붙는다

'나는
신랑 있는 몸이니
제발 잊어 주세요.'

그녀는
정신 차리라고
제발 잊어달라지만

상심한 반 쪽 얼굴로
그녀의 집 주위를 맴돌다
어두워지고서야 발길을 돌렸다

혹 그녀가 나올까
곁눈질하며
게걸음으로.

까치밥 홍시

김혜옥 — 깜장고무신, 여, 광주광역시

함박눈 사이로 저만큼 하늘 아래 빠알간 홍시 하나가
덩그러니 빛을 보이고 있다
까치 밥인 모양이다
그 홍시가 까치 밥인지를 모르는 아이들
눈이 쌓인 감나무 아래에서
하늘만 바라보며
언제 떨어질까 기다리느라 하루가 간다
그런 아이들에게
어르신 한 마디 하시는 말씀
까치 밥이니 남겨두라신다
아이들은 고개를 갸웃거리며 무슨 까치가 밥을 먹냐고
신기해한다
확인이라도 하려는 듯
아이들은 홍시를 먹는 까치를 구경하기 위해
매일같이 까치 밥 홍시를 지키고 있다
이 겨울 이 따뜻한 마음을 가진 아이들처럼
우리도 하늘을 바라보자
뎅그러니 남아 있는 풀지 못한 숙제를
풀고 보냈음 싶다.

우체통을 위하여

문귀녀 __ 서희, 여, 경북 경산

바람은 예리한 날을 세워
차디찬 겨울 허공을 가르고
하얀 입김조차
이내 파지가 되어 흩어지는
지하철 공사중단 표지판
구세군 자선냄비는
지금 막 벌어지는 석류 입술이다
그 너머 낡은 벽돌담
비스듬히 기울어진 우체통은
매연을 켜켜이 껴입은 채
온종일 허기진 얼굴로
한결같은 망각 속에 침묵하는데
땡그랑 땡그랑
자선냄비는 뜨겁게 끓어오르고
텅 빈 우체통은
사각봉투 몇 개를 그리워하며
구멍 뚫린 목구멍으로
바람의 긴 한숨만 쓸어 담고 있다
그 가슴을 비집고 내려가는 속울음
폐장을 마구 뒤흔들고
캐럴 송만 멋쩍게 낮달로 떠 흐른다

거기
등 기대어 서서
마지막 버스를 기다리는 나를 본다

번호판도 아스라한 삶의 정점에서.

유월에 불어오는 바람이고 싶다

박은지 — 승지, 여, 서울

밀밭 길 사이로 신선하게 불어오는
새하얀 깨끗함 간직한 바람이고 싶다

소쩍새 둥지에 생명의 신비 노래하는
바람이고 싶다

캄캄한 밤길에서 길을 잃고 헤매는
서러운 가슴 한 켠에 작은 촛불하나
지켜주는 바람이고 싶다

얼음처럼 차가운 무표정의 빌딩 숲
사람들 가슴마다에
뜨거운 불덩이 하나씩 안겨주는
바람이고 싶다

환희의 소쿠리에서 한 움큼 훔쳐 온
단내 나는 행복을
불행의 씨앗 떨치지 못하는 외로운 이에게
겸손하게 선사해 주는
그런 바람이고 싶다

촛불도 꺼뜨리지 않는

얌전한 바람
불덩이도 식혀 버리지 않는
다소곳한 바람

그저 기쁨하나 전해 주는
가치 있는 바람이고 싶다.

국화꽃

백계림 — 백계림, 여, 인천

가을산 허리에
하이얀 미소 머금고
혼자서 외로이
서럽게 피는 꽃

달빛이 휘영청 밤이 오면
귀뚜라미 울음소리에
이슬처럼 눈물 지우고
차갑게 스쳐 가는
서늘한 소슬바람에
저려오는 가슴으로
떠난 님 그리워하는가

화려하게 꾸미지 않고
짙은 화장기 없는
청초한 여인, 내 마음의 여인 같은
아름다운 꽃이여.

가을 우체통

심정미 __ 누리, 여, 부산

가을엔
긴 연서를 쓰고 싶습니다

푸른 하늘, 은빛 바다
그리고 울긋불긋 산 그림까지

가을엔
쪽지 연서도 쓰고 싶습니다

작디작은 깨알 글씨로
부서진 그리움까지

가을엔
노란 은행잎에 '가을'이라고 써
아스팔트길 한 모퉁이 우체통에 넣어도 봅니다

여름 그 뜨거운 태양 빛에 달구어져
붉게 익어버린 우체통

가을엔
내 긴 연서도 함께 익어갑니다
우체통 안에서.

가을 우체국 앞에서

이미숙 __ 별사랑, 여, 인천

가을 우체국 앞에서
난 당신을 생각했습니다
몇 번이나 당신에게 보내려다 보내지 못한
가슴속 깊이 꼬깃꼬깃 겹 접어놓았던 내 마음들을
가을 우체국 앞에서 생각했습니다
난 차마 보낼 수 없어
하늘에게 보내버렸습니다
내 마음은 하늘 어딘가를 떠돌겠지요

가을 우체국 앞에서 내 마음은
별이 되어버렸습니다
한낮엔 말못하고 밤이 되어서야 반짝이는 수줍은 내 마음은
별이 되어 반짝였습니다
너무나도 찬란하여 슬픈 광채는
당신에 대한 내 사랑인 동시에 원망이었습니다

가을 우체국 앞에서 내 마음은
들꽃이 되어버렸습니다
여느 꽃처럼 뽐내며 아름다움을 말하지 못하고
조용히 고개 숙이고 말 못하는
수줍은 들꽃이 되어버렸습니다

너무나도 수줍어 바보 같던 향기는
당신에 대한 내 사랑인 동시에
언젠가는 바라봐 주길 바라는 기다림이었습니다

오늘도 난 부치지 못할 편지를 씁니다
사연이 많은 별들이 하나둘 늘어만 갑니다
어디선가 소박한 들꽃 냄새가 납니다.

코스모스 꽃

이병훈 — 남, 서울 강북

바람은
언제나
세월을 흐르게 합니다

아쉬움은
어김없이 세월 속에 숨어서
때로는, 우리를 슬프게도 하지요

바람이
행여, 가느다란 목은
비켜 갈 줄로만 알았습니다

끝끝내
가느다란 목이
마구 흔들거리고……

어차피
꽃망울이라도
남김없이 터트려야 했습니다

가을이면
그대가

코스모스 꽃으로 와서
눈물을 보이기 싫어
긴 목을 자꾸만 흔들거라 생각합니다.

겨울 해바라기

장문 — 모나리자, 남, 서울

지하철4호선이마라톤으로달려온당고개역앞에는계절도
지워버린해바라기들이피어있다

오늘도
신문지 한 두 장만으로
이 겨울을 다 감당해 내며

이제는늙어씨앗도받을수없는해바라기들이끼리끼리모여
혼숙을하고있다

보증금도
월세도 없는
그런대로 지낼 만한 자리

그나마밀려나온또한무리의해바라기들이가뜩이나슬픈목을꺾어기도를한다.

(동정녀 마리아께서 아기를 낳듯이 제발! 제발! 제발!
우리 해바라기들 중에는 그런 기적이 없도록 해 주시옵소서.)

가을 꽃

장아진 __ 아메, 여, 경남 창원

당신을 간절히 기다립니다
오시는 길목
그대 모습 잃을까 봐
꽃잎 칭칭 두르고
가녀린 목을 뽑아
내 먼저 와 서 있습니다

혹시
더 큰 해바라기만 보고 갈까
키를 까치발로 세워보고
귀까지 쫑긋
당신 소리를 찾습니다

순간
바람이 살짝 옆구리 시리게 할 때
당신 손잡아 끌
내 몸 흔들흔들
가을빛 언어 만들어 봅니다
그러면
몸속에 있는 사랑
더 탱탱하게 영글어 옵니다.

달맞이 꽃

장혜숙 — 예송, 여, 경북 울진

그리 예쁘지도 소담스럽지도 않은
깨나무 같은 줄기에 듬성듬성
그리운 달님의 애무인 양
온 몸으로 밤이슬 맞으며
노오란 그리움을 토한다

젊은 나이에 사별한 미망인이
님 그리는 애절한 모습이듯
너무도 가엽고 애처로운 맘에
포근히 안아 주고 싶은 꽃
달맞이 꽃

몇 송이 안고 와서
화병에 꽂아 두고 자고 일어나면
그리움으로 피었던 꿈은
사무침에 목말라 풀기 없이 떨어지고

저녁 늦게 퇴근해서 들여다보면
어제 못다 나눈 사랑을 속삭이듯
소곤소곤 밤이 새도록 정 나눈다.

낙엽

전 온 — 동우, 남, 서울

새벽 공원길
졸음에 지친 가지마다
완숙한 몸짓으로 팔랑이는
계절의 마지막 향연饗宴이
나트륨 등불 아래 현란하고

술렁이는 바람결에
우수수 몰려가는
군상群像들이 낙엽처럼 흩어진다

성하盛夏의 계절
신앙처럼, 인고의 삶을 살아도
영화를 꿈꾸며 지켜온
절개

무서리 한 움큼에
세월조차 덧없다

가는 길
가야 하는 길
어디에서 온 것인가
오늘도

처연히 바람 따라 흩어지지만
그 절개
가지 끝에 걸어 두고
매서운 바람은 자꾸만 살갗을 파고든다.

그녀들의 저녁 나들이

정경자 — 꿈여울, 여, 전남 무안

하얀 눈 쌓인 창문 너머로
어린 시절 그녀들의 고향이 보이고
시간 건너 찾아온 소녀 시절의 꿈이 이야기로 영글 때
그녀들의 얼굴엔 그리움이 머문다

머문 그리움 사이 언뜻언뜻 애잔한 이별의 아픔이 괴고
수줍은 언어 마디마디 묻어나는 아쉬움
세월 건너 담겨온 소녀 시절의 사랑이 수다한 과거로 피어날 때
그녀들의 얼굴엔 정겨움이 고인다

고인 정겨움 무게마다 선뜻선뜻 소원해진 고마움이 덮쳐 오고
목잠긴 대화 사이사이 젖어오는 후회스러움
생활 속에 그냥 간 듯 스쳐버린 지난날의 은혜로움이 왁자한 눈발로 밀려올 때
그녀들의 얼굴엔 해묵은 슬기 테가 짙게 드리운다

아! 그녀들의 늦은 저녁 나들이여.

억새풀

최정임 — agapefl, 여, 대구

함지산 자락에 둥지를 짓고
운암지 공원을 곱게 장식한 억새풀이
자색을 띤 황갈색 꽃이
활짝 미소로 화답할 때
금빛 물결이 출렁이며
대지를 아름답게 수놓는다

가녀린 허리를 꼿꼿이 세우고
쏟아지는 가을 햇살에
은빛 꿈을 안고
어제나 오늘이나 언제든지
제 자리를 지키고 서서
너울너울 춤을 추면서
하늬바람에 온 몸을 던진다

가을빛이 엷게 비치는 날
속절없이 뿜어대는 한숨에
마음까지 흔들거리고
여린 호흡에도
영롱한 미의 촉수로
가을의 전설을 잉태한다

억새풀이 넘실대는 언덕에 서면
운암지 연못에서 들려오는
선율 있는 곡조로 노래하는
풀벌레들의 합창 소리와
아름답게 조화를 이루어
한가롭게 노니는 물새들을 바라보면서
자연의 운행 법칙과
인생의 수레바퀴를 생각하며
여유 있는 몸짓으로
내 마음의 산책길을 걷는다.

제 4 부

시와의 만남

시詩와의 만남

박미숙 — 햇빛, 여, 미국

그대는
삭막한 내 삶의 한 귀퉁이
살포시 내려앉은 따스한 물결
상처로 헤진 가슴속 언어를
물비늘로 토해 내며
빙점인 내 가슴 해빙을 맞고
피안의 길에 서성이던 추억
그대와 함께 풀어내면
이내 포근한 봄볕이 됩니다

그대는
고독한 내 삶 속에
소리 없이 동행한 한 마리 작은 새
내 심연의 울부짖음
떠도는 가슴 속 잔해 태우며
파닥이는 날갯짓
망각의 심연에 머물던 그리움도
그대 앞에서는 들꽃이 됩니다

그대는
햇살 머금고 피어나는
잔잔한 물안개 빛

그대와 나만이 해독할 수 있는
쪽빛 사연의 날개 드리우고
비상을 꿈꾸며
꽃 잎새 밟는 이 경이로움
살포시 첫발 내딛는 새순입니다.

모내기 철

김길순 — 방울꽃, 여

머리 하아얀
어머니 보고파서
발길이 친정에 머무르고

열린 대문 앞에
멍멍이만 졸고 있구나

방문도 어머니 목소리도
닫혀 있고

마당 한구석에
감 꽃 떨어지는
소리만이
어머니 대신 해맞이한다

멍멍아
어머니 발 계신 곳
같이 가줄래.

새 운동화

박민규 — 한돌, 남, 대전

아부지, 아부지
초등 3학년 때 조르고 졸라 한 켤레 새 운동화를 샀건만
창세기가 다 보일 정도의 구멍이 조밀하게 뚫려
내 허벅지 안 살을 죄다 물어뜯었다
아부지 나 신발 하나만 사 줘요
엉엉 울어보고 보채기만 하던 키 작은 나는 일순간 울음을 뚝 멈추었다

새 운동화 사 주신단다 그것도
마징가 제트 그림이 그려진 흰 운동화로
그 날 이후
검은 금테안경의 아버지는 말이 없으셨다
그 고무신보다 덜 질긴 운동화는 이제 실밥이 후두둑
밑창부터 떨어져 나간다
냅다 그 헌 운동화를 동네 아카시아나무가 많은 숲으로
던져 버린다
예전에 구멍난 검정 고무신짝 홀라당 태워버린 애기무덤가였다
새 운동화의 쿠션이 너무 좋아 동네 한바퀴를 돌고 또 돌아다닌다

나보다 연배인 형들에게 자랑한다
나 신발 샀다
설령 진흙길을 걸을세라 혹시 검뎅이 얼룩 묻지 않을까
마음은 조마조마
밤이면 머리맡에 두고 잠을 청한다
그 이후로 태풍이 오기 전까진 새 운동화는 늘 내 곁에 있었는데
오늘 그때 일을 생각해 보니
운동화 두 짝이 넘친 흙탕물에 떠내려갔나 보다
늘 마음 한구석엔 참깨 밭을 헤매던 그 새 운동화로 가득 찬다.

흔적

이경남 — 캔디, 여, 서울

더 이상 너를 위해 쓸 글이 없다
흘릴 눈물도 너를 향한 마음도
없어졌다

내 가슴에 남은 그리움의 흔적은 먼지가
바람에 날리듯 조금씩 날아가고 있다

보이지 않은 공간 속에
떠도는 나른한 무게들을
허공으로 밀어놓고
질주하듯이 달리는 바람을 가르고
등을 지고 서 있다

아무것도 아무 일도 아니라고
난 아무것도 아무 일도 없었다고

고개를 저으며 웃는 미소년의
모습처럼……

아무 일도 내겐 없었노라
그렇게 세월에게 말하고 있다.

조롱박

이계람 — 고파, 여, 경북 포항

늦둥이로
세상에 온 아이

천방지축 같으나
마음만은 따뜻해
야단맞고 돌아서도
내일이면 웃는 얼굴

그 동안 쌓인 미움
회초리에 송송 맺혔는데
목 아플까 염려하여
내미는 목캔디 한 알
따뜻한 사랑으로
눈 녹듯 사라지네

아이야
어서어서 자라거라

이 세상을 수놓을
예쁜 조롱박으로.

사부곡思夫曲

이상열 — 호수, 남, 서울

억새꽃 휘날리는
산등성이 길목에서

빚, 어깨에 짊어주시고
잠시 다녀오신다던 그 님 오시지 않고
뉘엿뉘엿 땅거미 짙어지고
초승달 떠오릅니다

걷지 못한 남은 길
마저 걷겠다던
짧은 길 걷고 떠나신 님
주시지 않은 그리움
가슴에 들어와 너무나 커버려
그 무게
감당하기 힘들어
일어섰다 쓰러집니다

풀벌레 귓속에 들어와
울고 있습니다
산허리 맴돌던 바람
품속에 기어들어 떨고 있습니다
그래도 기다려야겠습니다

빛의 무게야
별개 아닙니다만
그리움의 무게는
너무 무겁습니다

그 님 오실 즈음
그리움 무게 털고
손잡고 억새 길 내려와
어머니! 부르면
싸리문 열고 나와 반겨하시겠지요

아버님 손잡고 올 때.

뻰데기

이월순 — 이석신, 여, 충북 진천

어머니는 풍로에 숯불피고
물 한 냄비 올려놓고,
누에고치 두어 움큼
끓는 물에 집어넣고

쫄랑쫄랑 춤을 추는
누에고치들

팔십 노인 머리카락보다도
더 가늘은 누에고치 실파람
우리 엄마 물레바퀴에
엄불러서 감겨간다

춤을 추다 춤을 추다
비단옷 다 벗겨지고
알몸만 남네

친구랑 나랑 건져서
호- 호- 불며 한 입에 쏘-옥
통통한 뻰데기
뜨거운 물 내뿜으며
'투-욱'
아 깜짝이야.

난 오늘도 이 바다 속을 유영한다

이춘화 __ 고파, 여, 경북 포항

한평생
아무것도 잘못한 것 없는
삶을 살았습니다

도덕적으로
관습적으로
어떤 잘못도 저지르지 않았습니다

내 의지와 상관없이
이 세상에 와서
그냥 열심히 노력도 했습니다

때로는 평탄하게
때로는 가시밭길
한결같이 달려왔습니다

문득
손을 놓고 사위를 바라봅니다

아직도 못 다한 일들
다시 쓰고 싶은 이력서들
쓰고 또 쓰며 찢고 또 찢습니다

마음속의 목마름
채워도 채워지지 않은 무한대의 염원

오늘도
비워지지 않은 욕심덩이
저 심연 속에 가두려
육신의 껍질 벗어두고
훨훨 바다 속 유영하는 나의 넋이여.

변화의 욕망으로

임향순 — 혜당, 여, 경기 안양

목적 없는 하루를 바라보는
허공의 무안함이란
빈 공간을 찾아
보이지 않는 무인의 소리 없음을
바로 인식케 하는 무지함을 말하고 싶다

끝이 보이지 않는
무한대로를 마구 달려가 보지만
골인 점은 항상 미로에 그치고
목적 없이 허공을 스치며 바람만 일굴 뿐이다

한바탕 스치고 지나간 비바람의 흔적들
아직도 미련을 버리지 못하고
내내 지구상을 맴돌며
보이지 않는 듯 눈치로
시간을 메꾸고 있다

어느 순간의 획기적인 변화로
반짝이는 밝음의 빛이 내릴 듯한 시간
서서히 다가오듯 밀리어
오고 있음을 느낀다

지키지 않아도
자연스레 우리들은 순리를 따라
현실에 부딪치고 적응하며 서서히 길들여지는
이 현상을 담담하게 받아들이고 있다.

꿈

전병준 __ 시조황제, 남, 서울

높푸른 가을하늘 아래
하얀 목련꽃이 활짝 피었습니다

꿈같은 일이
벌어지고야 말았습니다

어쩌면
전설의 무릉도원에서
보내준 꽃 선물일 수도 있습니다

가을 목련꽃 소식은
새들 사이에 알려져, 알려져서
저 새들의 왕– 봉황새가
가을 목련꽃을 보러 오기 위해
황금빛 날개를 활짝 폈다고 합니다

순수하고 정결한
가을 목련꽃이 지기 전에
나는
조용히
꿈의 눈을 닫습니다.

새끼발가락

정성훈 — 정성훈, 남, 서울

어떤 사람이 발을 밟고는
말없이 버스 뒤로 가버립니다
보이지 않는 데라고
별일 없으리라 생각하는가 봅니다
밟힌 새끼발가락은 몸보다
마음이 아픕니다
구두 속 한 쪽 구석에 있어
보잘것없다 할지 모르지만
그가 없다면 나는 병신이 됩니다
자신을 이유 없이 아프게 하고
신경조차 쓰지 않는
낯선 그 사람이 새끼발가락은
못내 서운합니다
밟히고도 말할 수 없는 작은 그가
나는 불쌍합니다.

새벽

조정림 — 조정림, 여, 서울

밤새
뒤척이며 시달리던
미열과 오한의
새벽

온 몸을 지배하는
고통으로
신음소리 배어나는
길고 긴 밤에

잠들지 못하는 건
나만이 아니더라

그림자 두른 나무 한 그루
차가운 달빛
혼자 선 가로등
길모퉁이 돌아가는
휑한 바람

아프지 말고
잘 지내라던 당부의 말씀

마음이 따뜻한 그대도
그림자로
서 있는 밤

유리알처럼 맑아진
심연의 깊이로
나
세상의 이치를
다 헤아리며 살 수 있을까.

추억

진영혜 __ 수정이, 여, 중국 길림성

마음의 강 위에
정처 없이 떠가는
수많은 사연들

세월 속에 여과되어
진주 마냥 빛 뿌린다

잠들지 않은 기억 속에서
어제의 이야기를 떠올리며
래일을 그려보는
달콤한 꿈자리

마음의 강
그 언덕에서
추억을 낚아 올릴 때마다

햇빛은 유난히도
빛을 뿌리고
그 빛은 내게 있어서
가장 행복한 순간이었다.

왔다 가는 길

최화섭 — 알프스, 남, 경북 경주

경치였다

내 방에 심어둔 난 분이나
내 가슴에 심어둔 백합이나
들고 다녔던 장미꽃 송이나
모든 것들이
내 왔다 가는 길섶에서 만난
풍경이었다

경치였다

내 곁에서 옥신각신
소리내어 떠들던 나무, 풀, 숲
노래하던 새들, 짖어대던 짐승들
어지러이 지나다니던 곤충들
모든 것들이……
내 왔다 가는 길섶에서 만난
경관이었다

마치
영화의 흑백화면 같은.

제 5 부

들풀의 강 같은 그대

들풀의 강 같은 그대

신명자 __ 마음의 정원, 여, 부산

그대 그리운 날
해질녘 바닷가를 찾아가다가
바다의 속마음인 강을 먼저 만난 저녁

소리도 없이
깊은 물빛으로만 흘러가는 강을 바라보고 있었습니다
그 강가 가녀린 들풀 한 송이
온 몸이 바람에 흔들려도
제자리를 떠나지 못하고
흐르는 강물만 조용히 보내고 있었습니다

나도 그저 그런 들풀처럼
들풀의 강 같은 그대를
보내고 싶었습니다

그러나
오늘도 갯바위 하얀 포말처럼
애타는 몸짓으로 부서지고 있는
내 맘속의 그대는
흘려보낸 강이 아니라
여전히 파도 일렁이며 뒤돌아보아지는
나의 빈 나룻배 한 척의 바다였습니다.

경남 사천을 지나오면서

김인숙 — 목련, 여, 대구

세상이 온통 은빛에 덮일 만치
눈이 내리는 차창 속 튕겨서 포옹하고파

돌아서면 그림자뿐일지라도
황량한 날 순백한 사랑고백 자자지고파

육신보다 더 무거운 교만 하나 뽑아
쌓이는 눈꽃 위에 눈 질러 녹아 사리고파

진흙탕 같은 인생 길 철벅이면서
서걱이는 갈대 숲 사찰이 외로워라

밤새워 퍼부어 대는 순백한 사연으로
오직 하얀 그대 이름하나 새겨 부르며

세상보다 더 깨끗한 하얀 입술 여다듬어
그대 가슴에 묻혀 아삭이고 싶다.

옥녀봉

김종화 __ johak52, 남, 광주광역시

찌든 도심을 벗어나
울창하지도 빽빽 하지도 않는
옥녀봉을 향하는 길에 섰다

한 사발 생수를 마시고
낙엽이 뒤덮인 길을 오르면
가파른 길이 나를 기다린다

헉헉 숨을 몰아쉬고
발걸음을 더디게 옮기며
구슬 같은 땀방울이 이마에 열릴 때
옥녀는 나를 힘껏 안아주며
땀을 식혀준다

이리저리 사방팔방을 둘러보고
나는 비로소 호흡을 조절하며
멀리 보이는 산등성을 굽어보고
가깝게 다가서는 무등산을 향하여
호흡을 뱉어낸다

남평 들에 펼쳐진 비닐의 물결이 넘실거리고
햇볕에 출렁출렁 춤을 추는데
붉은 석양에 물든 내 얼굴은
부끄러움에 빠알간 살갗을 토해 낸다.

동강을 떠나가며
— 물고기들의 항변

라춘식 — 仙巖, 남, 강원 영월

어, 이렇지 않았는데
왜 이렇게 변했지
냄새가 나고 숨이 차누먼
여보 먼 소리가 들려 와요
머리 위로 마구 떠내려 와요
아, 저것이
요즘 인간들이 좋아하는
레프팅인가 뭐시인가
하는 개비여

여보 우리 이사가요
이곳은 더 이상 살 수 없어요
빨리요 저 늦으면 큰일나요
만삭이란 말이에요
아니 우리만 가지 말고
쉬리, 얼음치 친구에게도
알려 주어요
이제 이곳은 우리들의
낙원이 아니라고요
떠나서 다시 오지 말아요
그리고 지켜봐요
인간들의 오만과 방종을.

소래 포구에서

문병모 __ 머루랑 다래, 남, 경기 파주

난 협궤열차에 실려온
빈 고동 속을 두드렸습니다.
그 곳에 당신이 있었습니다

내 작은 쓸쓸함은
망둥이가 빼끔거리다 만 갯벌에 묻어
신음하듯 썰물 따라 떠내려가고

저 멀리 만선의 기쁨으로 다가오는 뱃고동 소리에
전령사 갈매기 떼들은 포구 깊숙이
당신의 그림자 몰고 왔습니다

당신의 미소
밀물처럼 밀려오는데
차마 눈 뜰 수 없어 외면하려함은
알다가도 모를 일입니다

그리움 그 곳에 다 쏟아 놓아
텅 비어 버릴 것 같은 그리움
더 큰 그리움으로 가슴에 채워져 옴은
알다가도 모를 일입니다

이제 갈매기 떼들도 석양에 소금기 씻어
안락한 풀숲으로 돌아가고
더욱 커 버린 당신의 그림자 남겨두고
되돌아 와야 할 시간

더 큰 쓸쓸함 안고 돌아올 줄 알았다면
차라리
빈 고동 속의 당신을 깨우지 말걸 그랬습니다
포구 깊숙이 당신의 그림자 품지 말걸 그랬습니다.

벌써 떠나려하는가

박양수 — 빛누리, 남, 경기 화성

벌써
떠나려하는가
불타는 여름이여

지금 슬그머니 몸을 사르려는데
아직 남아 있는 너의 열도에
마지막 바캉스를 떠나려한다

너의 뜨거운 입김에
사랑을 하고
이별을 하고
즐거워하고
서러워하며
빛나는 입맞춤으로
여물던 알갱이를 잉태했다

선지피 같은 일몰이
바다를 물고 곡성을 토해 내면
바람은 여름을 부수고 지나간다.

안동 하회마을

송병완 — 남천, 남, 전남

순임아, 순임아
보리밭에 갈까 배 타러 갈까
빨간 장미 안고 탈춤 구경 갈까
북촌 댁 머슴아이 바람났더라
낙양성 십리하에 성주 되어
동네아이 불러모아 노래하면서
낙동강 물 따라 바람 따라 흘러흘러
영국 엘리자벳 공주 그리며
상사병 앓아서라
이리 뛰고 저리 뛰고
성한 보리밭 없단다
낮에는 땡볕 쓰고 배를 타고
밤에는 바람 타고 성황당 가네
이 집 저 집에서 마신 술에
날도 달도 가리지 못하고
탈춤만 추네.

섬진강은 더 깊어 있었네

오태순 — 민영, 여, 경북 포항

한 사내가
마른 내 가슴을 헤집고
기억의 창을 열었다
깊숙이 묻어 두었던
그 사내를
아득한 몸부림으로 받아들이고
반가움은 작은 떨림으로
풀잎이 되어 흐느끼기 시작했다

강은 한층 더 깊이가 있었다

은어 떼가 무리를 지어
강의 동맥을 이루고
아무렇게나 버려진 자운영은
산불이 되어 번져오고 있었다

필연으로
그 사내를 되찾았다
나의 강렬한 시선은 그를 훑어 내려간다
사내는 어리석은 자는 아니었다

긴 모래들판이

그 사내와 나의 엉킨 타래를 풀 듯
잔기침을 해 댄다
삐걱거리는 나룻배는
절망만이 아님을 온 몸으로 일렁인다

그리고
그 사내도 나도
늘 혼자였다.

포스코posco 벚꽃 사랑

윤예주 __ 거암, 남, 경남

남녘 재 넘어
가슴 여민 꽃바람은
가야산 자락
포스코 뒤 가느다란
오솔길 지나
외로운 벚꽃 나뭇가지에
혼자만의 아련한 사랑을 고백하는데

외로움에 지친
벚꽃나무는
꽃바람 진한 사랑에 취해
뽀송한 속가슴 열고 선
덩실덩실 꽃바람 따라
행복에 겨운 춤을 추다가

지는 해
가야산 마루 걸쳐두고
붉게 물든 저녁 노을에
밀려오는 외로움 피할 수 없어
백운대 길섶
떠나는 그대 발길에
한 잎 두 잎
하얀 그리움을 뿌립니다.

부리에서

이창수 — 이창수, 남, 경남 진주

부릿골
올해도 봄은 어김없이 찾아왔것다
복숭아꽃 흐드러지게 피면 뭐하냐
젖가슴 큰 가시네들
벌써 도회지로 다 빠져나가 버렸는데,
밑둥치 수백 년 된 나뭇가지엔
빈 까치둥지뿐인데
화전으로 일구었던 억만이 아재 밭떼기는
무덤으로 변해 버렸고
감자 싹 자라던 곳엔 들풀만이 무성하네
고목 같은 손으로
썩은 둥치 자르던 지곡 어른 댁
낯설은 나그네를 보고
누렁이가 컹컹 짖는데
맨 날 하품만 하다가
오랜만에 지 몫 찾았다는 폼일세.

시린 달빛에 나를 달랜다

전애자 __ 이화, 여, 인천

석양을 등에 지고 홀로 걷는 길
저 군중 속에 너 있기를 바라건만
어찌 그리 닮은 이 하나 없는가

지금쯤 너는
내 마음 어디에 닿았는지 몰라
강풍 부는 밤 가슴엔 해일海溢이 일어
옛 사랑은 난파선에서 울부짖고
나는 회상回想의 하늘로 날아간다

밤마다 너는
나를 서럽게 하려함인가
어둠 속에서 태양같이 떠올라
눈 뜰 수 없이 뜨거운 너의 환영幻影

질긴 미련이 똬리를 트는 밤
망각忘却의 섬에 고요히 날개 접고
뭇별 사이 한가로이 노니는 저 달
시린 달빛에 나를 달랜다.

세월을 잡을 수만 있다면

전희정 __ 정우, 여, 경기 의왕

나른한 오후예요
스르르 눈꺼풀이 내려오는군요
강렬한 햇살은 눈이 부시는데

이렇게 또 하루가 빠른 속도로
달려가고 있네요

소녀 때 꿈은 그대로인데
어느덧 얼굴에 잔주름 가득하고

흰 머리카락 애교스럽게 엿보이니
다시는 되돌아 갈 수 없는 지난 세월
내 인생은 이미 황혼길

모진 세파에 시달려
맑은 총기는 온데간데없고
손등에 파란 힘줄만 굵어졌네요

깊게 패인 목선에 골이며
헤아릴 수 있을 만큼 적어진 머리숱

정녕 되돌려 받을 수 없는 젊음
서산에 지는 해가 되어 버렸네요
남은 세월을 잡을 수만 있다면.

전등사 기와

정혜선 — 소망이, 여, 경기 성남

깨어진 조각조각
부서진 너를 보노라면
사연마다 아픔이 밀려오는구나

묻어나는 불에 단 숯 검댕이
네 몸 깊숙이 스며 있구나

새겨진 무늬마다
이름 모를 기왓장은
무슨 염원을 담고 빚었을까

천년의 세월 네 몸 속에 배인 눈물
그만 흘려보내라

깨어지고 부서진 너의 아픔을 알기에
까맣게 탄 재를 어루만지나니
이제는 고이 쉬어라
대지의 품안에서.

그리움

지선희 __ 아다, 여, 김천

들녘을 달구는
한낮의 뙤약볕도
귓불조차 발그레한 하얀 모래성도
온몸으로 견딜 수 있음은
그리움으로 가슴을 파고드는
푸르른 바다가 주는 선물이다

처음부터 너와 나
닮은꼴임을
애써 외면한 채 눈감아버리고
말없이 몸져누워도
느낌표 하나로
그대 곁에 닿고 싶어

지금도
그대 숨결로 고동치고 있을
바다가 시리도록 그리운 날엔
개여울에 앉아서
살포시
나뭇잎 배로 흐르고 싶다.

해 저무는 포구에서

— 해안가의 소나무

하재순 __ cos1004, 여, 경남 진주

바다와 노을은 몸을 섞었다

욕정의 목줄기는 해안을 따라
언덕배기로 향한다

과묵했던 소나무
폐선처럼 흔들리고

소금기가 전부였던 눈물은
바다로 향하는 목마름

수평선 너머 귀선歸船의 엔진소리는
정액처럼 끈적였다.

이름 없는 어촌의 낙조

황토마당 — 남, 서울

가난한 그물을 싣고 오는
어부의 긴 한숨 소리가
뱃소리와 함께 '통통' 떨어져 내리고

지아비를 기다리는 아낙의 손에는
커다란 소주병 하나가
저물어 가는 햇빛을 먹으며
선창에 기대어 웃고 있었다

바다가 술 취한 어부의 얼굴처럼
붉게 타오르다가
어디론지 휘적휘적 잠자러 가고

어부는 등 굽은 새우를
고추장에 버무려
소주를 들이붓고 있었다

온 몸에서
바다가 줄줄 흘러내리고
아낙은 그 바다를 껴안더니
슬픈 미소를 지으며 무겁게 돌아가고 있었다.

감 탑을 쌓던 마음으로

— 강원도에게

황현옥 — 녹두의 사랑, 여, 경남

하늘이 푸르러지면
우리
고향 뒷산
감나무 아래서 만나자

감잎을 모아 자리를 만들고
발갛게 익은 감탑을 쌓아 올리며
소원을 빌던

우리 커서도 사이좋게
우리 커서도 이웃하게
하늘 높은 구름
감탑이 닿기를 기다리던
우리 어른 될 때

해가 진 뒤의 어둠 걷어내고
첫서리 차가운 정은 녹아지게 하자던
소싯적 감탑을 쌓던 가슴으로
하늘이 푸르러지면
고향 뒷산
감나무 아래서 우리 만나자.

제 6 부

상처

상처

강제실 — 잔디, 여

내 안에 쓴잔이 목줄 타고 올라와
입안에 뒹구는 모래알

푸른빛 바다보다 시린
보이지 않는 냉소에
심장은 맥박이 느리고

뭉개진 자존심에
얼음 같은 가슴은
떨어지지 않는 납덩이를 매단 채
가시덤불을 찾는다

아릿한 아픔, 싸늘한 소름으로
망각의 언덕을 찾지만
보이지 않는 냉소는 소금으로 상처를 절이고
그냥 이렇게 바보로 남기로 했다.

님에게

김남윤 — 세일러문, 여, 경기 안양

당신은
내게 남겨진
소중한 사람입니다

푸른 달빛이
교교히 흐르는 가을밤에
잠 못 들고
뒤척이는 것은 당신 때문입니다

가슴 깊은 곳에
나 홀로 간직한 시름도
당신 때문입니다

때로는 기쁨에 겨워
흐린 하늘을 보고 웃는 것도
당신 때문입니다

샘물처럼 솟아나는
그리움을 말하지 못한 채
고개를 떨군 것도
당신 때문입니다

그러나
나의 가슴에 남은
푸른 멍울은
정녕 누구의 것입니까.

해후의 눈물

김정섭 — 김정섭, 남, 서울

젖은 손수건으로는
맑고 숭고한 그대의 눈물을
닦아드릴 수가 없더이다

이미 버려졌던 세월이기에
이미 흘러 가버린 강물이기에
남몰래 흘렸던 수많은 슬픈 밤이
흠뻑 젖어 있는 아픈 세월로는
더더욱 그러하더이다

버리고 가셨던 아픔이
지금도 제 가슴 한켠엔
파랗게 고여 있어

실바람에도 사르르 떨리는
한 조각 슬픈 쪽 달이
하늘처럼 파란 그대 얼굴에
초승달로 묻어
쓸쓸한 내 서녘하늘처럼
또 그렇게 지실까 봐

차마, 파란 아픔이 고여 있는
손수건으로는
그럴 수가 없더이다.

그리운 얼굴

손희락 __ 사랑을 위하여, 남, 서울

조용한 밤이면
보고픈 얼굴
비 내리는 밤이면
그리운 얼굴 있습니다

스쳐간 바람처럼
인연이 닿았던 사람들 중에서도
유난히 그리운 얼굴 있습니다

잔잔한 마음에 파문을 일으키고
마음이 애틋하다 못해
아픔이 되는 얼굴 있습니다

보고 싶다고 말하고 싶고
사랑한다고 고백하고 싶지만
보이지 않는 현실의 담은
넘을 수 없는 장벽입니다

한 손에 잡고 있는 인연의 줄
놓쳐버릴 수 없기에
힘주어 잡아 보아도
허공을 맴도는 그리운 허상

행여나 그 얼굴 잊혀질까 봐
내 마음의 백지에 그려봅니다
눈, 코, 입
그려 가다보면
행복에 젖은 화가가 됩니다.

그 옛날에

송선미 __ 짱아, 여, 서울

쓸쓸한 날이면
저물녘에 만나
달콤하고 따뜻한 한잔의 차를 마시며

모든 시름이 사라지고
입 안 가득 웃음이 가득해지는 그런 사람

늘 고독한 마음
혹독한 외로움에 빠졌다가도
전파의 리듬을 타고
시린 가슴 녹아 내리게 하는
그 사랑의 소리

로맨틱한 그 음성
견줄 수 없는
아름다운 선율과도 같았다

그 사람이 보고 싶을 때면
몸에 신열이 났고
그 사람이 그리울 때마다
내 몸을 빠알갛게 덮어 버리는
재즈 음에 실린
추억 속의 옛사랑.

당신만의 여자이고 싶습니다

송숙 — 검은비, 여, 서울

언제나 흐르고 있지만
늘 그곳에 있는
맑은 시냇물 같은
당신의 여자이고 싶습니다

눈물은 안으로 하고
미소지을 수 있는
여름 날 나무그늘 같은
당신의 여자이고 싶습니다

상냥한 웃음을 머금고
마음 열고 귀 기울여가며
가려 받을 줄 아는
그런 당신의 여자이고 싶습니다

먼 후일
내 마지막 눈감을 때
그대 사랑했음을 감사하며 떠나는
오직 당신만의 여자이고 싶습니다.

갈증

염경희 — 능금, 여, 대구

불볕더위에
타들어 가는 논바닥 모양
내 마음도
그리움으로 목이 탄다

논은 쩍쩍
갈라지기라도 하지만

애타는 내 마음은
속으로 찢어지는
아픔을 숨기느라
껄끄러운 복숭아 껍질 같은
땀띠로 솟구쳐 오른다

차라리 한줄기
비라도 내리면
목마른 그리움을
적시기나 할 텐데

불타는 계절은 훌쩍 스치고
산들바람 부는 가을이 오면
우리 사랑도 갈증에서 벗어지려나

오늘도
난 기다린다
하늘 쳐다보며
내 그리움을 적셔 줄 비를.

새벽 골목을 거닌 적 있나요

이성호 __ 라벤더, 남, 부산

그대 새벽 골목을 거닌 적 있나요
새벽
그대 생각에 뒤척이다
무심코 길을 걸어봤습니다

가라앉은 어둠들이 바람결에 날아가고
뿌옇게 그대 향기가 눈가를 흐립니다

아직은 조금 찬 새벽바람에
내 심장 꺼내어 식혀도 보고
데워지는 햇살에
차가운 눈물 말려도 보고

그대 새벽 골목을 거닌 적 있나요
혼자 걸어본 새벽은
내게 많은 걸 안겨주고
뜨거워지는 거리를 피해 횅하니 사라집니다

그대 옛 모습처럼
내 눈가를 적시고 사라집니다.

그리움

이숙희 __ 캔디처럼, 여, 경기 부천

속 깊이 묻었던 그리움
파도처럼 일렁인다

몇 날 밤을 하얗게 지새웠던
앙금 맺힌 회한을
힘겹게 삭히며 고이 묻었었는데

그대 생각 차 올라
미어지는 통증
종양으로 자라면 감당키 버거워
비워야 한다
거듭 비워야 한다 입술을 깨물고

소리 없이 흐르는 비
온 몸을 적시면
희석된 그리움을
가슴 밖 세상으로 흘려보내고 싶지만

기다림에 지쳐
지새운 수많은 밤들
무수한 별빛 가슴에 흩뿌리며
끝내 사랑이란 이름으로

깊숙이 묻어야 했다

단 하나 그대를 사랑하기에

스치는 세월은
오늘이 내일을 부르듯
비운 만큼 메워지고
그대 향해 쉼 없이 달려가는데

다가갈 수 없는 아린 마음에
흐트러진 별만이 안겨올 뿐이다.

지나온 세월만큼

이옥임 — 미투리, 여, 서울

보고 싶단 말은 차마 하지 못한다
말은 불씨가 되어
가슴을 활활 태우고 말걸

천지에 고여든 물은
폭포 아래로 굴러 떨어져서는
무수한 만남과 헤어짐을 경험하며
강과 바다로 향하지만

가슴속으로 흐르는 그리움의 핏물은
어딘가로 흘러 보내지도 못해
작은 몸으로 버티기엔 너무 힘겹구나

지나온 세월만큼 겹겹이 쌓인
내 그리움의 잔해
오직 한 곳으로만 흘러들며
지칠 줄도 모르고 서럽게 하던
케케묵은 사랑의 전설 같은 그림자

가슴에 먹빛으로 은밀하게 써 내려간
긴긴 사연의 언어들은
너무 깊은 골

닭 울음소리도 들리지 않을 먼 산골짜기
거기 어디쯤에 묻어 버릴까

지우려 억지를 써 봐도
지나온 세월만큼 찌든 그리움인 걸 어찌하랴.

번민

이은수 — 티나, 여

텅 빈 하늘가에 번지는
낯설은 미소
알듯 말 듯 한 느낌을
구름이 이고 달아난다

무엇인가 허허로운 벌판 위에 황량함을
힘겨운 개미가 먹이를 이고 간다

살아가는 것은 굴레이다
여기에 놓인 번민을
투명한 유리병 속으로 밀어 넣는다

아스라이 멀어지는 그리움
공허로움이 허전한 가슴속에 떠돌아다닌다

꽃잎이 뚝뚝 지는 어느 날
바람이 지나가고 있었다

그리움을 휘감은 채로
왔던 길을 되돌아가고 있었다

그리움에게 간다고
속삭이는 나뭇잎에게 말하고 있다.

없나요

임석원 — 송림, 여, 충남 논산

쉽게 왔다 홀연히 떠나가는
그런 인연이 아닌

조심스럽게 왔다가
서서히 물들여 가는
그런 인연을 만들 순 없나요

어지럽게 지나가는
흐름을 닮으려 하지 않고

자신의 삶만큼 버거워진
연륜을 지킬 줄 아는
그런 사람을 만날 순 없나요

자연을 좋아하고
좋은 것에 감사할 줄 아는 마음

아가들을 보면 입가에 미소가 번질 수 있는
그런 마음을 가진 사람을 찾을 순 없나요

사랑한다는 말보다
아픔을 읽을 줄 아는 정겨움

가끔은 자신의 마음도
내보일 줄 아는 진솔함
그런 사람은 기다리기만 해야 하는 걸까요.

다시 태어나도

— 정열 1

전세원 __ 전세원, 여, **서월**

내일이면 만날
헤어짐 아쉬워
서울 법대생과
숙대생의

혜화동과 청파동
오가느라
막차 버스 놓치고

삐리삐리 방범대원
호루라기소리에
처마 밑을 맴돌다
백차에 실려

경찰서에서
서로에 손을 잡고
뜬눈으로 밤을 새우고

변명할 제목을 궁리하며
서로의 까칠한

모습을 보며 웃는다
사랑이란 정열을 확인하며

아예 호루라기 소리나면
파출소나 경찰서로
손잡고 뛰어들던 순수하고
아름답던 정열의 세월.

모른 척 한 그의 이야기

정진숙 — 꽃기린, 여, 인천

12월 해지는 서쪽 바닷가에서
아픈 이야길 들었네
주인공이 누군지 모르는 채

그 바다로 몇 번의 해가 지고
어찌하여 그를 만나고
겨울 이야기 속 주인공이
그라는 걸 알고 말았네

오늘 그가 웃네
속마음이야 어떠하든
내게 맑은 웃음을 주네

난 모른 척 하네
그의 가슴속 묻어둔 사랑을

기억이 때로는 아픔이어서
그냥 감추고만 싶을 것 같아
가다가 멈춘 바람처럼 조용히 있네.

내 마음의 감옥

한순희 ― 知希, 여, 서울

훨훨 날아보고 싶다
관념으로 둘러싸인
틀에서 탈출하고 싶다

너를 사랑한 죄
그립고 보고파도 볼 수 없는
이 안타까운 고통이여

너를 가슴에 담으면서부터
거북 등 껍질 같은 갈증으로
언제나 나는 목말라 하고 있었다

황량한 내 가슴에 향기로운
커피 향처럼 은은하게 스며든
보고 싶은 사람아

너를 사랑한 죄
네 생각에서 벗어날 수 없는
내 마음의 감옥이여.

만남 3

황태경 — 경희, 여, 경남 진주

길을 나섭니다
매서운 겨울바람에
그리움을 삭히려
모진 추위 아랑곳 않고
무작정 길을 나섭니다

수많은 사람 중에
하필이면 당신을 만난 것이
아무리 생각해도
우연은 아니겠지요

어쩌면 이미 오래 전에
이런 만남이 있을 거라는
예견이 있었을런지도 모릅니다

늘 함께 하진 못 해도
마음만은 어느 한순간도
나를 떠나 본 적이 없는 당신

왜 좋으냐고 묻진 마십시오
무엇이 당신을 사랑하게 하느냐고
물어 보진 마십시오

아무런
이유 없이
무엇이 좋은지도 모르면서
당신을 좋아한다는 것
오로지 그것 하나밖에 알지 못 합니다.

제 7 부

산 104번지

산 104번지

김영미 __ 말리꽃, 여, 서울

재개발 바람으로
산 104번지가 떠난다

가난했던 불빛들이 하나 둘
주인 따라 떠나고
옆집 아저씨의 고함소리도 떠나고
무당 집 깃발도 무당 따라 떠난다

아픈 세월들 집안 구석구석
그대로 남겨두고
몸만 빠져나간 자리

아직 남겨진 사람들
아픈 세월 구겨 넣지 못해
홀로 남겨진 사람들

상처투성이 담장에는
누군가가 그려놓은 암호들로 빼곡한데

낡은 포장으로 오랜 세월 엮어두고
주인 떠난 집에
어느덧 바뀐 새 주인

도둑고양이

쥐새끼 한 마리 얼씬거리지 못하게
두 눈 부릅뜨고 있다.

아름다운 시화호

박영미 — 여, 경기 안산

은빛 보석들이 화려함을 뽐내며
시화호 잔물결로 소곤거린다

돛대 하나 기둥 삼아
휘어진 허리 파도 위에 싣고
사공의 깊은 시름 심연의 바닥에 내려놓은 채

무엇을 더 바라는가?

휘파람 소리 여운을 남기며
하늘 끝에서 갈매기가 날아온다

노을 빛 고운 자태
잔물결 위에 내려앉아
화사한 입맞춤으로 어둠을 채질하면

둑 넘어 안타까운 손짓
울부짖는 바다의 울음소리를 시화호는 듣고 있을까,

황량한 사막의 단면처럼
죽어있는 풀들만 엉성한 갯벌을 뒤로
내 양심의 소리에 귀를 기울여 본다.

그녀는 매일 밤 은행나무 침대에서 꿈꾼다

박지수 __ 나타샤, 여, 울산

그를 그녀의 인생이라 말했을 땐
아마 농익은 은행나무 아래 혼절한 시체들이
서늘한 입김을 토하며 춤을 추던 그때쯤이었을까
바닥에 밟혀 만개한 저 숭고한 피조물들
검은 비닐봉지에 팽팽하게 담기는
밤이면 감 내음 짙게 여문 그녀 입 속에선
매몰된 껍질 속에 곰삭은 심장
툭툭 떨구어내는 소리만
간간히 농도 짙은 허공을 부유하고
외마디 비명도 없던 날
싸늘한 미소만 한껏 부풀린 생명 없는 낯선 관 하나
텅 빈 방안에 침묵으로 일관하다
지친 몰골로 귀가歸家하는 그녀를 위해
무언의 몸짓으로 포근히 감싸주네
관 속의 태아마냥 안긴 채
휘어진 등만큼 그리워했을 눈물
수없이 뭇질해 놓은 흔적들
누렇게 바랜 시간 꾸역꾸역 삼켜버린 가슴
만삭으로 부풀린 그때쯤이면
해산을 꿈꾸는 아름다운 산모가 되어
기린 목보다 더 길어졌을 그대 영혼 품어 안고
한 몸으로 살아 숨쉴 수 있는 세상에서
영원을 꿈꾸는 신생아로 태어날 수 있기를.

숯덩이

박선옥 — 박아영, 여, 부산

해금강 물줄기 따라
출렁이는 여객선에 몸을 싣고
그리운 사람을 만나러 간다

세차게 몰아치는 물살에
그에게로 다가가는 마음은
숨가쁘게 느껴지는 오전이었다

비린내 나는 옷에
시꺼먼 장화와 검게 태운 얼굴의 그는
분명 어부의 자식이었다

짙은 화장 향기를 내뿜으며
비린내를 받아들일 때
행복의 완행선은 속력을 낸다

사랑은 달콤한 꿀물이라지만
가슴 저편에는 쓰디쓴
씀바귀 물이 조금씩 고여 든다

영원히 이룰 수 없는 사랑은
화산처럼 치솟은 순간의 열정으로
검게 그을린 숯덩이만 남긴다.

내 목숨 값은 얼마

서재남 — 무애자, 남, 경기 광명

이거 받고 더 이상 시끄럽게 하기 없기다
공무집행 중에 생긴 일 가지고 너무 그러지 마
거듭 말하지만 나는 아무 잘못이 없어
네 딸들이 불순한 의도로
우리 주한미군의 장갑차 밑으로 기어든 게지
그러나 좋은 게 좋은 거라고
큰맘 먹고 내가 양보하는 거니 받아
옛다 60만 원
이거면 됐지 두 사람 목숨 값
나에 대한 심각한 신변의 위협 때문에
너희 법정에는 나가지 않겠다
나 오늘 귀국한다
이 봐 함부로 사진 찍지마
초상권 침해야

개 한 마리도 몇 백만 원이 넘는다? 쩝
아직 살아갈 날이 창창한
저 어린 딸의 목숨 값이 고작 30만 원
그럼, 이제 살 만큼 산 내가 만약
술 취한 미군 놈의 차에 치여
비명횡사라도 하면
내 목숨의 값은 얼마나 될까

우리 정부는 피의자를 미군 측에 곱게 넘겨주고
나오면서 단돈 몇 백 원이라도 받아다가
내 식구들 손에 쥐여 줄까
아니지, 조심성 없이 왜 하필
미군 차를 들이받았느냐고
죽은 내게 통박이나 주겠지.

70년대 변두리 자화상

이명희 __ 풀향, 여, 경기 평택

뉘엿뉘엿
해 넘어가는
공해에 찌들린
아스라한 하늘가

오늘도 어김없이
축 쳐진 어깨 늘어뜨리며
변두리 선술집 찾아든다

남대문 시장 한복판에서
허름한 지게 둘러메고
불러주길 기다리다가

운 좋아
시골 상인 만나서
커다란 보따리 지게에 얹을 때면
휘파람 소리 절로 난다

땅거미 어둑어둑 져오면
물먹은 솜처럼 무거운 몸뚱이
귀소하는 발걸음은
아무 표정도 읽을 수가 없다

그저
한잔 막걸리로 허기 때울 수 있는
주머니 속 동전의
뗑그렁 울리는 소리만이 남는다.

묵은 것들은 깊고도 담백하다

이문복 — 검은사슴, 여, 충남 천안

봄꿈에 갇혀 수척해진 산나물 한 줌 시린 겨울 물 속에 풀어놓으니
시름시름 되살아나는 봄, 물오른 가지에 새 잎 돋느라 골짜기마다
싱그럽던 봄 산의 기억들 그러나 돌아오지 않는 연둣빛 새 순
풋내음이여

싱그러운 빛도 풋풋한 향기도
햇빛과 바람에 내어주고
한세월 아득히 깊어졌음이리
쌉쌀한 듯 구수하게 입 안 적시다
아린 듯 담백하게 스미어드는
씹을수록 깊어지는 묵은 맛의 그윽함이여

호올로 일어나 밥상 차리는
고적한 겨울 아침
묵은 슬픔으로 깊어진 영혼들에게
공손히 무릎 꿇어 바치고 싶은
묵은 산나물 한 접시.

충전

이순옥 __ 천년바우, 여, 경북 경산

마지막 눈금을 두고
그러고도 며칠이 갔다

그리움이
목구멍까지 차 올라
더는 참지 못해
헐떡이는 것처럼, 이제
눈앞에서 마지막 숨을 깜빡인다

내 사랑도 그렇게
충전을 해야 하는 걸까
저 휴대폰처럼

멈추어 섰다
화면이 서서히 내린다
그리고는 하얀 세상

충전기에 내 마음도 함께 올려놓는다.

무제無題

이양지 — 진주, 여, 서울

갱년기 아내의
생리통처럼
간헐적으로 배가 고프면
겨우 쪽수가 198쪽밖에 안 되는
시집을 사고
대면대면 띄워 쓴 글씨 몇 줄
그것도 배를 채워줄 거리라면
잘게 다져 아주 더디게 먹고 싶은데
여름 해는 시집보다 더 아껴아껴 즈며 기울었다
반나절만에 시집도 동이 나고
허기진 배를 손가락을 물고 볼기짝 발갛게 뒤집어
칭얼대던 하늘이
오동나무 가지 끝에 걸터앉으면
오동나무 잎사귀를 까르르르 뒤집는 웃음소태가
저 아랫마을 아이들보다 먼저 뛰박질해 왔다
반쯤 불다 만 고무풍선 볼멘소리 빠지는
여분의 허기를
바람을 따라
축구선수들이 가버린
축구장 잔디밭을 뱅뱅 돌고 있는
마을 사람들을 따라
뱅뱅 땀방울을 굴리다

가만히 뒤돌아보았다
뜀박질이, 바람이, 어둠에도 밀리는 파도를 닮은 웃음이
삶의 행간을 채우는 참 따뜻한 사람들

아, 나도 식곤증이 도지려나 보다.

풍란 앞에서

이현숙 — 여, 서울

마른버짐처럼
버석거리며
내 자신마저
추스를 수 없었던
지난날

남루한 일상조차
품지 못해
종종거리듯 무던히
한숨만 짓던,

선연한 목마름은
고스란히
우리들의 몫이었다

외롭다는 것은
홀로여서가 아닌
상대적이기에
또, 그렇게
소리도 없이
뿌연 빈들을 서성이고 있는가,

깊어진 혜안을 풀무질 해
자맥질 한
질푸른 꿈
더욱 내밀한 숙성으로
가지런히
움트고 있었다.

한 줄의 시詩

정인태 __ 들세암, 여, 전남 목포

홀연 툭툭 털어 내고
나 그대에게 가면
그 어디쯤에서부터
벌거벗은 채 뛰어나와
반기는 이
정녕 그대입니다

검은 머리카락 사이로
비죽이 나서
너덜거리는 어지러움 헤치고
하나이어야 하는 이
그 또한 정녕 그대입니다

내 안에서 뒹굴지 못하고
나 또한 잡아두지 못하고
완성되지 못한 결정체로
자꾸만 튀어나오려 하는
몹쓸 그 또한
정녕 그대인가 봅니다.

이제 눈 뜨일 세상은

주리애 __ 완전복숭아, 여, 광주광역시

떼이지 않는 발걸음이
무거운 그림자를 등에 지고서
가만히
모래밭 위에 올라섰다

이제 곧
너의 눈앞에
세상이 펼쳐질 것이다
하늘을 가득 담아낸 공간이
머잖아 너에게 다가올 것이다

모든 게
불볕 속에 시들어간대도 그것만은
변함 없을 게다
오히려
싱싱하게 푸르른 빛을 돋굴 터이니
꿈결처럼 시원스레 밀려오는 물결 속에서
가만히 눈을 감거라

이제 눈 뜨일 세상은
가리운 구름을 헤치고 나올 터이다
머잖아 밀려올 푸르름은

하늘을 안고서 올 게다

타들어 가는 오후를
이제는 바닷속에 담그어라
조심스레 눈 뜨고
두 손 가득 오늘을 안아들어라

너에게 주어진 오늘
이제 눈 뜨일 세상은
바다와 함께 시작하는 것이다

그리하여 우리는 이제
하늘처럼 숨쉬리니
마치
어느 날 바다가 그러했듯이.

지하철의 아담

천성희 __ 커피향가득, 여, 경기 수원

흔들리며 밀려가는 시간 속에
혀를 날름거리며 다가오는 피곤의 실체
지하철 손잡이에 지친 몸을
힘겹게 매달고
무엇인가를 향해 열심히 내닫는 삶들

월급봉투와
아파트 평수가
부자와 가난뱅이로 저울질 당하고
서 있는 자리가 불안해 질주하면서
육신도 정신도 황폐해져
타고난 시대를 한탄할 자유마저 유린당한 채
모두가 정신 질환자가 되어버린
숨쉬기조차 버거운 세상

마음이 진정 부자일 수 있는
부끄럽다 눈가림하지 않는
아담의 에덴을 만들어 가기 위함인지
오늘도 지하철 손잡이에
지친 영혼들 매달려 흔들려 가고 있네
자꾸만 섬이 되어 흐르고 있네.

송정리 2

추막선 — 여, 부산

닻을 올린 배가 떠나고 긴 밤 목을 놓다
도망치듯 안긴 네 가슴이 비릿하다

질척이는 숨소리, 거친 호흡도
꿈속에서나마 동침을 작정한
아린 사랑의 무게만큼 저려온다

무심한 일상의 언저리에 파고드는
추억하나 안겨준 초라한 거울 속 분신인가,

내 시詩여 미안하다

무시로 포말을 일으키는 희디흰 네 속살에
시린 하늘 끌어안고
근조등에 검은 천을 두른 시간 속에 뒹굴어나 볼까,

한순간 아찔했던 기억
소금기에 절은 머리카락 깃발로나 나부끼다
끝내 소멸할 테고 그래도 울고 싶은 밤이면
시를 부르리라,
떨리는 가슴으로 부르리라

실눈으로 떠도는 별이나 발밑에 엉겨붙은
젖은 모래알 집어삼키듯
그리 불러보리라.

태풍

최종숙 — 고우리, 여, 충남 당진

태풍이 불어닥친다
모든 등불은
숨을 죽이고
할퀴는 바람만이 세상을 뒤집는다

우는 것이
바람만이 아니구나
우뚝 선 인간의 아집이
루사 태풍에 찢어지고 무너지네

검은 바닷속을 뒤집고
온갖 쓰레기를 드러내는
너의 몸부림에
휘청이는 가슴이 토악질을 하는구나

너의 휘둘림은
일어서려 몸부림하는 꿈꾸는 벼를
뿌리까지 꺾고 말았구나
꺾이면 꺾이는 대로 휘어지면 휘어지는 대로 그렇게
가야하니.

세상 풍경

한현심 — 여, 긴머리 소녀

세상은
바람든 계집과
바람든 사내가 모여 사는 곳

세상은
곱고 참한 아내와
복에 겨워 섰다 치는 남편들은 어디에

세상은
영웅호색
남성이여! 가능하다면 취하고픈
부적절한 관계가 다반사인 곳

세상은
잘 봐 주세요 (프리미엄)
로비 없이 견디기 어려운 곳

그러나 세상은
철수도 영이도
철수 엄마도 영이 엄마도
적당히 행복하게 살 수 있는 곳

세상은 지금
지구촌 시대, 글로벌 시대
우리 모두 롤러스케이트를 타고
이 넓은 지구 운동장을 한바퀴 신나게
돌아나 볼까.

에필로그(EPILOGUE)

우리 첫인상이 어때 | 김은영 장선주

"내 첫인상이 어때?"

햇빛에 눈부신 연초록 솔잎 같은 얼굴로 선생님은 물으십니다.

그때마다 우리들 같은 의미의 대답에 활짝 핀 진달래 같은 미소로 꼬리를 달곤 하셨죠.

함께 계절을 날 적마다 선생님은 우리들 곁에 계셨고, 소금물에 담긴 볍씨처럼 글로 정화된 자신을 만나게 해 주셨습니다.

그런 시간 속에서 잉태된 변화한 삶과 자신을 본다는 건 큰 기쁨입니다.

많은 것들을 함께 하며 배운 시우들이 늘 보고 싶은 건 이런 이유 때문일 것입니다.

내 슬픔을, 기쁨을 제일 먼저 전해 주며 격려해 주던 아름다운 이들의 글이 어렵사리 울타리를 치고 둥지를 틀어 한데 모였습니다. 이렇듯 작지만 소중한 인연으로 인해 뜻 있는 님들의 정성스런 솜씨로 연어가 산란을 위해 강을 거슬러 오르듯이 마침내 우리는 여기까지 왔습니다.

작은 호수를 이룬 우리의 감정들을 부끄럽게 생각키보다는 자랑하렵니다.

아직은 걸음마 떼는 아이 같이 선생님의 손을 놓지 못하지만 나중에 이 처음이 우리 모두에게 얼마나 아름답고 소중한 추억으로 남을지는 잘 압니다.

최광림 선생님을 비롯 이 지면에 수고로움을 더한 모든 분들에게 박수를 보냅니다.
우리는 이 모자람이 홍건하지만 풋풋한 지면을 글을 사랑하는 누군가에게 선사하면서 묻습니다.

"우리 첫인상이 어때?"

〔시원〕문학회

부회장 김은영, 장선주

◆ 청랑(淸浪) 최광림(崔光林)시인 팬-클럽 **[시원(詩苑)]**

약사(略史)

2000년 11월 28일 DAUM 카페에 팬-클럽 <시원> 문을 염

2001년 03월 <시원> 회원 1,000명 돌파

2001년 05월 DAUM '오늘의 카페' 선정

2001년 06월 <시원> '아름답고 화려한 언어의 연금술' 전면기사(월요신문) 실림

2001년 07월 DAUM '명예의 전당' 등록

2001년 08월 최광림 시인 '나를 키운 건 9할이 고향' 전면기사(뉴스미디어) 실림

2001년 10월 DAUM '명예의 전당' 2차 등록

2001년 10월 최광림 시인, 전국 시 백일장, 전국시조백일장 심사위원으로 참여(고정 심사위원)

2002년 03월 <시원> '시(詩)의 본향(本鄕)을 찾아서' 전면기사(선데이뉴스) 실림

2002년 04월 DAUM '명예의 전당' 3차 등록

2002년 07월 <시원> 회원 7,000명 돌파

2002년 07월 지도시인(이옥분, 이미숙, 김명희 시인) 위촉

2002년 09월 최광림 시인, 토요신문 문학대상 심사위원장으로 위촉

2002년 10월 김창완의 FM 음악가요 「내가 살아가는 이유」 등 최광림 시인의 시 2편 낭송

2002년 12월 <시원>문학회 제1차 문학강연 및 세미나, 합평회(대전 유성, 동학사)

2002년 12월 <시원> 문학후원회 발족, 초대회장 장문 취임

2003년 02월 <시원>문학회 제2차 문학강연 및 세미나, 합평회(천안 광덕사, 부용시비)

2003년 03월 <시원> '경이롭고 황홀한 시의 세계를 가다' 전면기사(환경뉴스신문) 실림

2003년 04월 DAUM '명예의 전당' 4차 등록

2003년 05월 <시원> 회원 10,000명 돌파

2003년 05월 서울예술대 정동희 교수 작곡발표회(국립국악원)에 최광림 시인의 시 「봉천동 풍경」「동그라미」 국악으로 작곡 연주

2003년 06월 <시원>문학회 제3차 문학강연 및 세미나, 합평회(서울 관악산)

2003년 07월 <시원>문학회 제4차 문학강연 및 세미나, 합평회(충남 예산)

2003년 08월 <시원> 회원 손문자 님, 최광림 시인의 시 「자화상」으로 한국서예대전 입선

2003년 08월 최광림 시인, 서울 관악구 소나무 문학제 심사위원으로 참석, 자작시 「모정(母情)」 낭송

2003년 08월 <시원>문학회 제5차 문학강연 및 세미나, 합평회(서울 영등포)

2003년 09월 [시원] 창작문예대학 개설 (http://cafe.daum.net/siwonpoet)

2003년 09월 '그윽한 시향이 우리들을 부른다' 32면 전면기사(토요신문) 실림

2003년 09월 네스카페상 후보카페 선정

2003년 10월 DAUM '명예의 전당' 5차 등록

2003년 10월 (주)텔앤텍 코리아 <시원> 문학 후원사로 선정

2003년 10월 불우이웃 돕기 및 <시원> 작품집 발간 후원의

날 개최.(서울 대림동)

2003년 10월 '주홍빛 시심(詩心)으로 가을이 익어간다' 32면 문학특집 전면기사(토요신문) 실림

2003년 11월 최광림 시인 전라북도 환경문화대상 심사위원으로 위촉 심사

2004년 03월 최광림 시인 미래문학 신인문학상 심사위원 겸 자문위원으로 위촉

2004년 04월 <시원>문학회 제6차 문학강연 및 세미나, 합평회(경북 구미)

2004년 05월 <시원> 회원 권덕운, 김은영, 김희순 시인 ≪미래문학≫ 신인문학상 시로 등단

2004년 09월 <시원>문학회 제7차 문학강연 및 세미나, 합평회(경남 마산)

2004년 10월 장선주 회원 구미문협 주최 시 낭송 일반부 1등(낭송시 「바람보다 먼저 달려온 너에게」_최광림 시)

2005년 01월 <시원> 회원 13,000명 돌파

2005년 02월 최광림 시인 강동문협 주최 문학의 밤 초대시인으로 초청 시 낭송(「두고 온 내 반쪽은,」)

2005년 03월 최광림 시인 시조대상 시천문학상 수상

2005년 04월 <시원>문학회 제8차 문학강연 및 세미나, 합평회(대전 동학사)

2005년 04월 <시원> 회원 김명이, 박동숙 시인 ≪미래문학≫ 신인문학상 시로 등단

2005년 07월 <시원> 회원 14,000명 돌파

2005년 08월 최광림 시인 월요신문 주필로 영전

2005년 10월 최광림 시인 전북마당 주필 위촉

2005년 11월 <시원> 회원 김창섭, 고봉선, 최숙희 시인 ≪미래문학≫ 신인문학상 시로 등단

2005년 12월 장선주 회원 전국시조백일장 일반부 차상 입상
2006년 03월 최광림 시인 대한불교신문 주필 위촉
2006년 03월 장선주 회원 ≪미래문학≫ 신인문학상 시로 등단
2006년 03월 최광림 시인 제5시집『황토현에 부는 바람』출간
2006년 03월 <시원> 처녀작품집 ≪시원의 뜨락에서 건져 올린 쪽빛 언어 한 조각≫발간
2006년 03월 시원문학회 9인동인사화집『풍경이 있는 풍경』 발간
2006년 06월 작품집 출간기념식 및 <시원> 5주년 기념행사 (예정)

주소록

시원 http://cafe.daum.net/siwonpoet (무순)

최광림	서울	010-2679-3061	시원촌장(상임고문)
장춘득	대전	017-402-5148	자문위원
황춘자	경산	011-533-2557	자문위원
이옥분	군포	018-211-3166	지도시인
이미숙	안양	011-9898-5235	지도시인
김명희	대구	011-9578-3316	지도시인
장 문	서울	011-9129-3693	명예회장
김창섭	마산	019-9903-5500	회장
권덕운	인천	011-9005-9375	수석부회장
김은영	대구	018-508-5086	부회장
장선주	구미	019-542-0918	부회장
김희순	부천	016-9733-4939	총무
강갑순	제주	019-653-0018	회원
강수빈	서울	016-650-3228	회원
고봉선	제주	064-744-9621	회원
김경숙	부천	011-9778-5851	회원
김경희	창원	016-588-2995	회원
김명이	마산	019-306-2645	회원
김선의	구미	011-504-3302	회원
김옥자	인천	018-314-6505	회원

김은심	경기	018-229-8615	회원
김필순	울주	016-836-1703	회원
박남희	충주	028-271-0534	회원
박동숙	미국	1-530-613-4127	회원
박미숙	미국	1-256-8900-2800	회원
박양수	화성	016-346-6882	회원
박영미	안산	019-405-5686	회원
박지수	울산	011-515-4133	회원
박칠선	연기	019-9903-5500	회원
서현영	부산	016-835-7961	회원
안현순	서울	016-360-5978	회원
우연희	광주	011-9433-2458	회원
윤복림	대전	042-489-5554	회원
이상열	서울	011-262-4708	회원
이숙희	부천	011-9008-2348	회원
이순옥	경산	016-9294-4416	회원
이양순	부천	017-346-5596	회원
이양순	인천	017-346-5596	회원
이옥임	서울	016-258-6822	회원
이정림	부산	011-569-5040	회원
이현숙	서울	011-9961-6302	회원
임명자	광주	016-9887-7302	회원
임철규	서울	011-268-2577	회원
장길자	울진	016-812-6325	회원
전 온	서울	011-891-2626	회원

전희정	안산	016-750-5216	회원
정다혜	울산	011-9310-9198	회원
정영옥	서울	016-727-5074	회원
정재돈	서울	019-345-2180	회원
정정숙	분당	031-702-8833	회원
정정숙	분당	031-702-8833	회원
조미희	봉화	011-9585-1039	회원
지선희	구미	054-434-5032	회원
천성희	수원	011-9014-4333	회원
최경선	부산	011-593-4863	회원
최숙희	진주	010-5549-4400	회원
최유순	천안	011-433-8841	회원
추막선	부산	011-433-8841	회원